O JEJUM

Redescobrindo o caminho de Jesus para o poder

Lou Engle

Engle House Publishing
102 S Tejon St. STE 1100
Colorado Springs, CO 80903

ÍNDICE

Dedicatória   5
Introducão   7
1.   Um chamado para jejuar   9
2.   O jejum de Jesus   23
3.   O jejum *ekballo*   29
4.   O jejum que libera a salvação   39
5.   A noiva ama o jejum   45
6.   O jejum que precipita a chuva serôdia   49
7.   O jejum que inaugura a guerra nos céus   57
8.   O jejum para libertação   69
9.   O jejum que desenrola o seu rolo   75
10   O jejum da transferência entre gerações   83
11   Você pode escalar esta montanha   87
Outros livros de Lou Engle   95

DEDICATÓRIA

Dedico este livro a todos os meus filhos, que fizeram jejun prolongados e se alegraram com o chamado de seu pai. Que você continue o legado de muitas gerações que buscaram a Deus neste caminho antigo da santa busca. Que seus filhos e os filhos de seus filhos se levantem e jejuem e orem para que o Deus de meus pais seja sempre o Deus.

INTRODUCÃO

Décadas atrás, recebi um livro chamado *Dando forma à história através da oração e do jejum* (*Shaping History Through Prayer and Fasting*) de Derek Prince. Esse livro se tornou o livro da minha vida. A premissa básica e a revelação bíblica desse livro é que o futuro das nações é moldado pelas orações e jejuns unidos do povo de Deus. Trinta e cinco anos depois de ler este livro, estamos chamando o mundo à oração e ao jejum unidos, acreditando que a Terra produzirá sua colheita. Antes de Derek Prince morrer, um amigo meu falou com ele e perguntou sobre seu legado. Prince mencionou o significado de "TheCall" (O Chamado). Quando ouvi essas palavras, comecei a chorar e disse ao Senhor: "Se Tu me permitires, levarei a semente de Derek Prince até os confins da terra." Este livro faz parte da minha obediência a esse convite divino. A Igreja em todo o mundo está entrando no tempo de uma reconstituição global do jejum prolongado de Jesus para uma colheita global de Jesus. As ferramentas antigas de intercessão estão sendo recuperadas e os valentes espiritualmente estão tomando o reino à força.

Este livro é um livro de sonhos, de fotografias divinas. Não tenho que desculpar ao escrevê-lo. Há anos passados, eu estava lutando com a questão de compartilhar ou não meus sonhos e histórias proféticas por medo do orgulho.

Eu senti fortemente o Senhor falando comigo: "Se você não contar as histórias, nunca verá movimentos surgirem." Deus perguntou a Ezequiel: "O que você vê? Ezequiel viu um vale de ossos secos. Deus disse: "Profetize aos ossos para viverem novamente." Ezequiel profetizou e os ossos começaram a chacoalhar. Ezequiel primeiro teve uma visão espiritual, depois falou e ocorreu o movimento. Vi sonhos e os escrevo para que aqueles que os leem possam correr no caminho e destino para os quais os sonhos apontam. Eu ouço os ossos de um exército antigo sacudindo mais uma vez. Eles estão em um antigo caminho de jejum para o poder.

Abraham Heschel disse: "Aprendemo mais em um momento de divino deslumbramento do que em uma vida inteira de cálculo." Nesta perspectiva, apelo a você para ler essas histórias e sonhos. Solte-se da cadeias da racionalidade anti-bíblica e permita-se experimentar uma certa reverência ao Deus que fala. Como Jacó, quando ele teve um sonho, digamos: "Quão incrível é este lugar! Isso não é outro senão a porta do céu e a casa de Deus!" Precisamos de um despertar de temor. Julgue estas palavras que você leu para ver se elas se alinham às Escrituras e se elas testemunham seu espírito. Se o fizerem, renuncie a uma abordagem fortuita ao profético. Se você se emocionar com essas histórias, vá além da admiração à ação. Viva o jejum de Jesus. Entre em uma aventura ao longo da vida de libertação e revelação, jejuando para uma nova era em sua vida e no mundo.

CAPÍTULO 1

UM CHAMADO PARA JEJUAR

Todo profeta tem que vir da civilização, mas todo profeta tem que ir para o deserto. Ele deve ter uma forte impressão de uma sociedade complexa e tudo o que ela tem para dar, em seguida, ele deve servir períodos de isolamento e meditação. Este é o processo pelo qual a dinamite psíquica é feita.
Winston Churchill

"Um homem não pode receber nada a menos que lhe tenha sido dado do céu. . . Ele deve aumentar, mas eu devo diminuir" (João 3:27, 30) Essas foram as palavras estrondosas de João Batista quando desafiadas por seus discípulos a respeito do ministério de Jesus que supera o seu.

Mesmo no início de 2019, essa escritura explodiu em meu espírito. Eu estava em uma estação de quarenta dias em jejum, tomando café em uma cafeteria. Obviamente, eu estava chamando o café de "água marrom"! Li naquela manhã que o tempo da Quaresma é realmente um tempo para se humilhar e voltar ao poder e à vitória do jejum de quarenta dias de Jesus no deserto. Senti o Espírito Santo falar comigo: "Ligue para a Europa para uma Quaresma de quarenta dias em 2020, de 1º de março a 9 de abril." Na verdade, em alguns minutos eu telefonaria para os líderes europeus para perguntar se mobilizariam um jejum de quarenta dias para a colheita da Europa.

Quando eu estava saindo da cafeteria para fazer aquela ligação, notei uma mulher lendo um livro. Passei por ela, saí e de repente fui parado pelo Espírito Santo, dizendo: "Vire-se e descubra que livro essa senhora está lendo." Imediatamente, virei-me, entrei novamente no café e humildemente perguntei à mulher: "Com licença, senhora, que livro você está lendo?" Ela disse: "O título deste livro é "Quarenta Dias de Rebaixamento". É sobre o jejum de quarenta dias durante a Quaresma. Fiquei em choque! Eu disse: "Senhora, você não tem ideia do quanto isso é significativo para mim. Estou prestes a telefonar para os líderes europeus, chamando-os para a Quaresma rapidamente." Ela disse: "Posso orar por você?" Em uma cafeteria comum, ela orou:" Senhor, libera o jejum de quarenta dias da Quaresma por toda a Europa e derrama teu Espírito em todo o continente em nome de Jesus!"

É com esta palavra, entre muitas outras, que exorto todas as nações da Terra a se comprometerem com um padrão maciço e plurianual de jejum prolongado para a colheita global.

Ao olhar pelo espelho retrovisor do meu diário e jornada de vida, sou apreendido com a constatação de quão forte e frequentemente o tema de quarenta dias de oração e jejum se apresentou. Recebi do céu, principalmente, o chamado para fazer e mobilizar o jejum prolongado em todo o mundo. Eu não teria escolhido, mas um homem só pode receber do alto o que foi dado a ele. Preciso diminuir, Ele deve aumentar.

Ler este livro é ler uma história. Sim, em parte minha história, mas principalmente é a história de Jesus e Seu jejum original de quarenta dias, Jesus, que lançou a unção original de Jesus para evangelismo e colheita. É também uma convocação profética que exige uma reconstituição e recuperação globais do padrão original e do caminho de Jesus que leva ao poder do alto.

Esse padrão foi revelado em um sonho incrível dado a um jovem no dia seguinte à morte de Billy Graham, o grande evangelista. Este jovem contou o seguinte.

No sonho, Billy Graham morria e deixava estas palavras para serem lidas após sua morte: "Eu escondi um tesouro para aqueles que procuram encontrar. O mapa do tesouro está no Livro." Ora, sabendo que "O Livro" significava a Bíblia, abri minha Bíblia e imediatamente me virei para um mapa do tesouro que dizia: *Vá para o rio. Encontre a árvore mais forte e bem enraizada. Dê quarenta passos para o leste, no deserto, da árvore mais forte. Aí cave.*"

Então, segui as instruções no mapa: fui ao rio, encontrei a árvore mais forte, dei quarenta passos a leste da árvore para o deserto e comecei a cavar. Seis pés abaixo, encontrei um baú de madeira com a forma de um caixão. No baú havia um número interminável de foices. Pensei: "Um homem poderia passar a vida inteira doando essas foices e nunca seria capaz de entregá-las todas!". Inscritas na madeira na parte interna do baú estavam as palavras: "A colheita está madura. Equipe os trabalhadores.

Então, o sonho mudou, e eu fui elevado acima da Terra. Eu vi milhares e dezenas de milhares de pessoas em todo o mundo encontrando esses mesmos baús com o mesmo conteúdo e a mesma inscrição.

Acredito que o sonho é uma palavra verdadeira, porque o mapa do tesouro é encontrado em "O Livro." Billy Graham é uma figura de Jesus, o Grande Evangelista. Na verdade, são encontradas verdadeiras instruções na Bíblia sobre como recuperar a autoridade espiritual com que Jesus andou durante Seu ministério evangelístico e como lançar uma nova explosão mundial de evangelismo na Terra. No sonho, o rio deve ser o rio Jordão, onde Jesus, a árvore mais forte, a própria árvore da vida, foi batizado por João. Imediatamente após seu batismo no rio Jordão e ouvindo as palavras de seu pai: "Você é meu Filho amado, em quem me comprazo" (Marcos 1:11), Jesus deu quarenta passos no deserto e iniciou seus quarenta dias de jejum. Lá, cavou seis pés de profundidade e encontrou um caixão, a imagem da morte de Sua carne em Seu jejum de quarenta dias, e encontrou o baú do tesouro da autoridade espiritual e poder evangelístico. A foice singular de Jesus colheu a colheita das ovelhas perdidas da casa de Israel. Mas agora, 2.000 anos depois, toda uma geração, até mesmo dezenas de milhares, encontrará o mapa do tesouro em "O

Livro", o caminho e o paradigma de jejum pelos quais Jesus foi pioneiro. Eles estão descobrindo foices, uma unção para evangelizar, e vão equipar milhões para colher a colheita do fim dos tempos.

É minha convicção que a morte de Billy Graham marcou um momento decisivo na história. Desde os dias de Billy Graham até agora, o Reino dos Céus está sofrendo violência e uma geração espiritualmente violenta a toma à força, segurando o Jejum de Jesus para a maior demonstração de poder e amor que o mundo já viu.

Com essa fé, eu "registro a visão e a inscrevo em tábuas, para que quem a leia possa correr. 'Pois a visão ainda é para o tempo determinado; apressa-se em direção à meta e não falha. Embora demore, espere; pois certamente virá, não demorará" (Hab. 2: 2-3). A visão que Deus me deu demorou vinte e quatro anos desde o meu primeiro jejum de quarenta dias em 1996. Durante esse jejum, ouvi a voz audível de Deus falando vigorosamente comigo: "Estenda uma vara de despertar sobre a terra. você faz isso?"Agora eu sei que o comando do céu era mobilizar o jejum prolongado por toda a terra. Por isso, imploro que você julgue as histórias proféticas deste livro para ver se elas se alinham com as Escrituras e com o testemunho de seu próprio espírito, de acordo com as palavras de Paulo em 1 Ts. 5: 19-20, "Não despreze profecias. Teste todas as coisas; segure firme o que é bom. "Se o seu espírito testemunhar isso, aja com coragem e fé com milhares em todo o mundo. Entre em épocas de intenso e concentrado jejum e comece a mobilizar jejum e oração prolongados em seus lares, igrejas, cidades, denominações, movimentos e nações.

Depois do jejum de quarenta dias, Jesus desenrolou o rolo de Isaías e leu:

"O Espírito do Senhor está sobre mim, porque Ele me ungiu para pregar o evangelho aos pobres; Ele me enviou para curar os de coração partido, proclamar liberdade aos cativos e recuperar a visão aos cegos, para libertar os oprimidos; proclamar o ano aceitável do Senhor. "Então ele fechou o livro, devolveu-o ao assistente e sentou-se. E os olhos de todos os que estavam na sinagoga estavam fixos nele. E ele começou a dizer-lhes: "Hoje esta Escritura é cumprida em sua audição" (Lucas 4: 18-21).

O pergaminho de Jesus está sendo desenrolado novamente diante dos olhos da terra através de Seu Corpo. Cristo em nós está nos levando rapidamente ao Seu deserto, para que toda a Terra possa ver mais uma vez a plena manifestação da unção de Jesus. Se Jesus rapidamente o preparou para cumprir as profecias escritas sobre ele no livro, o jejum de Jesus também não nos preparará para cumprir as profecias sobre nossas vidas e ter sucesso? 2 Chron. 20:20 diz: "Acredite nos profetas e você terá sucesso." O ano de 2020 já começou. É hora de recuperar a visão 20/20 para a colheita.

Possivelmente, o despertar mais significativo para o meu chamado vocacional de mobilizar o jejum prolongado ocorreu em janeiro de 1999. Um líder da Juventude com Uma Missão (JOCUM) veio a mim e perguntou se eu o ajudaria a chamar a Igreja em todo o mundo para um jejum de quarenta dias no primeiros quarenta dias de 2000. O objetivo do jejum era orar pelos trabalhadores e disputar a liberação de uma colheita global no novo milênio. Naquela época, eu era muito desconhecido. Estávamos nos estágios iniciais de mobilização do TheCall, um movimento de jejum e oração que começou com 400.000 pessoas, principalmente jovens, reunidas em Washington, D.C. em 2000.

Então, quando me pediram para mobilizar esse jejum, fui imediatamente confrontado com a impossibilidade do projeto. No entanto, eu tinha alguma história ao ver Deus fazer coisas incríveis além das minhas expectativas, então perguntei ao Senhor: "Se Tu queres que eu me mobilize tão rápido, pede a um profeta que me ligue com um sonho de que estou pilotando um avião, para soltar uma bomba atômica."

Poder atômico

Havia uma razão para esse pedido um tanto estranho. Na época, eu estava lendo um livro de Franklin Hall intitulado *O poder atômico com Deus através do jejum e da oração*

(*Atomic Power With God Thru Fasting and Power*), escrito em 1946. O livro surgiu do fervor de centenas de crentes que se reuniram em San Diego de várias denominações para ouvir os ensinamentos de Jesus, sobre oração e jejum. Muitos desses cristãos entraram em jejuns de consagração. Alguns desses jejuns foram sem comida de vinte e um a mais de sessenta dias de duração contínua. Eles azssumiram o fardo de ver o Senhor se mover de uma maneira especial. Estes e muitos outros queriam ver um reavivamento mundial para a salvação e cura da humanidade. Os resultados surpreendentes, como essas dezenas de cristãos unidos em jejum e oração, foram estupendos.

A bomba atômica acabara de ser lançada em 6 de agosto de 1945 para Hiroshima e, em 1946, Franklin Hall fez a comparação perceptiva de que o que a bomba atômica era para uma bomba normal, o jejum prolongado era para a oração normal.

Desde aqueles humildes começos em San Diego, o livro de Hall começou a se espalhar como fogo. Deus estava respirando na mensagem. O Espírito estava dirigindo Seu povo ao deserto de jejum prolongado, assim como o Espírito levou Jesus ao deserto a jejuar por quarenta dias. A reencenação divina começou, pois Deus estava se preparando para mover Seu povo para uma nova era de derramamentos do Espírito e evangelismo explosive em massa. Então, de repente, em 1947, eclodiram os grandes avivamentos de cura. T.L. Osborn leu *O poder atômico com Deus através do jejum e da oração* e foi instigado a entrar em jejum prolongado, o que o lançou em uma das mais notáveis carreiras evangelísticas. Centenas de milhares participaram de suas cruzadas. Seguiram-se curas milagrosas e libertações. Osborn agradeceu a Hall por seu impacto no livro, dizendo: "Nossas vidas foram revolucionadas pelo jejum e pela oração". Oral Roberts jejuou por sete meses em 1947, e então seu renomado ministério de cura estourou. Hall escreveu: "Essa maré poderosa de jejum precedeu e foi um prelúdio para as massivas campanhas de cura evangelística que começaram a agitar a cristandade, na qual centenas e até milhares foram convertidos em uma única campanha".

Os irmãos em North Battleford, Canadá, receberam o livro de Hall no final de 1947. No início de 1948, um poderoso derramamento do Espírito eclodiu após a graça do jejum repousar na comunidade durante todo o inverno. Esses irmãos do "Latter Rain" disseram:

> A verdade do jejum foi um grande fator que contribuiu para o reavivamento . . . Anteriormente, não tínhamos entendido a possibilidade de jejuns longos. O reavivamento nunca teria sido possível sem a restauração dessa grande verdade através do nosso bom irmão Hall.

Você vê o padrão? O jejum corporativo maciço e a oração eclodem em 1946, continuando por anos. Então, em resposta, a cura explode em 1947. Em seguida, o avivamento ocorre em 1948. Os grandes ministérios evangelísticos de Bill Bright, Billy Graham e muitos outros nasceram em 1948 e 1949. É minha convicção e a própria premissa deste livro que estava entrando uma outra estação histórica, como nas décadas de 1940 e 1950, quando o jejum global iria produzir filhos e filhas, poderosamente ungidos para evangelismo e missões. Os estádios ficarão superlotados. Todos os lares das nações ouvirão o evangelho. Milagres nas ruas serão comuns. Por um tempo como este, vivemos, nos movemos e existimos. Ainda não vimos toda a energia nuclear do jejum desencadeada em nossos dias.

Sim, a geração do final das décadas de 1940 e 1950 viu uma reconstituição do jejum original de Jesus. O jejum não era uma anomalia, era um protótipo para a geração dos últimos dias que, pelo Espírito Santo, seria compelido ao deserto de jejum prolongado, mesmo jejuns de quarenta dias, para trazer arrependimento ao Corpo de Cristo e varrer a terra. céus de interferência demoníaca para que os perdidos, cujos olhos foram cegados pelo deus deste mundo, possam ver a luz da glória de Deus na face de Cristo. Assim, para minha surpresa, um profeta me ligou na mesma noite do meu pedido, dizendo que tinha visto um sonho em que eu estava pilotando um avião e soltando uma bomba atômica. Parecia que uma bomba explodiu dentro de mim naquele momento, mas eu sabia que esse sonho por si só não mobilizaria o mundo.

Logo após a visita do líder da JOCUM, um profeta chamado Paul Cain estava vindo à nossa igreja. Orei ao Senhor, pedindo outra confirmação: "Senhor, se você quiser que eu chame isso de jejum global, peça que esse profeta me chame com uma palavra de conhecimento usando meu nome e as escrituras de Eccles. 11:1, 'Lança o teu pão sobre as águas, porque o acharás depois de muitos dias". Perguntei: "Senhor, devo jogar fora o pão da minha revelação do jejum nas águas da história e não devemos comer? comida natural por quarenta dias?" Surpreendentemente, o profeta me chamou pelo meu nome do meio Dean, que quase ninguém sabia, e disse: "Você não sabe o significado do seu nome, Dean, mas chegará um tempo em que você saberá". Então ele declarou , "E vejo que você é magro, pois está jejuando, e o Senhor diz: 'Eclesiastes 11:1: "Lança teu pão sobre as águas."'"

Foi choque e pavor! Era como se Deus tivesse jogado novamente uma bomba atômica em minha alma! Desnecessário dizer que comecei a tocar a trombeta e a mobilizar o jejum o mais longe que pude.

Logo após essa palavra, recebi um doutorado honorário de uma escola bíblica em Los Angeles. Ao me dar o diploma, o presidente da escola notou que o reitor dos alunos não havia assinado seu nome. Eu soube imediatamente que isso tinha a ver com a palavra do profeta de que ainda não era hora de saber o significado do meu nome Dean e sua conexão óbvia em chamar o jejum de quarenta dias. Eu acho interessante notar que Eccles. 11:1 diz: "Pois você o encontrará depois de muitos dias." Eu lancei meu pão sobre as águas e não sei quantos jejuamos, nem quão longe ele se espalhou. Mas agora, enquanto escrevo este livro anos depois, muitas nações estão se lançando no jejum de Jesus. Meu pão está voltando para mim.

Depois de mobilizar o jejum por quinze anos através do TheCall, de repente o significado do meu nome Dean ganhou novo significado na pessoa de Dean Briggs.

Detonando a bomba

Dean Briggs e eu nos tornamos amigos na Casa Internacional de Oração em Kansas City (IHOPKC). Um dia ele me fez uma pergunta que me abalou profundamente e cristalizou minha vida chamando. Ele disse: "Lou, se você pudesse pregar apenas uma mensagem para dez mil pessoas, e você sabia que isso seria o catalisador de uma colheita global de almas, qual seria essa mensagem?" Lágrimas inundaram meus olhos porque quando Deus lhe toca o núcleo do seu chamado, você sente isso profundamente nas emoções da sua alma.

Sem hesitar, respondi: "Eu chamaria o planeta inteiro de jejum de quarenta dias, porque antes que houvesse um Movimento Jesus original, havia um Jesus Fast original". Fiquei emocionado ao acreditar que, se fizéssemos isso, veríamos os resultados do jejum de Jesus e do ministério evangelístico de Jesus multiplicados em todo o mundo. Dean, um brilhante escritor e amigo, respondeu: "Vamos escrever um livro! Concordamos em chamá-lo de jejum de Jesus. O Jejum de Jesus é na verdade um volume maior que Dean e eu escrevemos em 2015, cheio de sabedoria profética e reveladora sobre o jejum de quarenta dias. Encorajo-vos a aprofundar esse assunto lendo esse livro original. Mal sabia eu que mais uma vez Deus estava se preparando para lançar uma bomba atômica em minha alma quando começamos a escrever *The Jesus Fast* O jejum de Jesus. O Jesus Fast é, na verdade, um volume maior que Dean e eu escrevemos em 2015, cheio de sabedoria profética e revelacional sobre o jejum de quarenta dias. Convido você a aprofundar esse assunto lendo o livro original. Mal sabia eu que mais uma vez Deus estava se preparando para lançar uma bomba atômica em minha alma quando começamos a escrever *O Jejum de Jesus.*

Logo depois que começamos a escrever, uma incrível líder apostólica na Inglaterra, Betty King, nos colocou em um hotel próximo ao Estádio Wembley, em Londres, para continuar escrevendo o livro Jesus Fast. Um dia, estávamos escrevendo sobre a bomba atômica do jejum e como o jejum inaugura a guerra nos céus. Fizemos uma pausa ao meio-dia e visitamos o bunker subterrâneo onde Winston Churchill liderou a Inglaterra durante a Batalha da Grã-Bretanha, enquanto Londres estava sendo bombardeada pela Luftwaffe, a Força Aérea Alemã. Foi quando a Real Força Aérea derrotou milagrosamente a Luftwaffe e ganhou supremacia aérea sobre a Inglaterra, salvando assim a nação. Naturalmente, todo o nosso dia foi cheio de pensamentos sobre bombas.

Voltando ao nosso hotel para terminar o capítulo, ficamos cara a cara com um obstáculo gigante. Esse obstáculo era uma fita amarela de restrição colocada em um raio de 1,6 km em torno do Estádio de Wembley e do nosso hotel. Nós nos aproximamos do policial que estava ao lado da fita e dissemos: "Temos que chegar ao nosso hotel". Ele respondeu: "Amigo, você não vai ao seu hotel hoje à noite. Você terá que dormir em um abrigo, porque eles acabaram de encontrar uma bomba não detonada da Segunda Guerra Mundial na área do seu hotel. Ninguém pode ir além dessa faixa de opções."

Por dentro, fiquei com um pouco de raiva, mas também pensei: "Este é provavelmente um daqueles momentos de Deus".

Então, Dean e eu decidimos percorrer a circunferência da área e ver se conseguimos encontrar uma pista secreta para entrar furtivamente no hotel. Quando embarcamos nessa jornada, de repente Dean se lembrou de um sonho que havia recebido anos atrás, um que ele descreveu como o sonho espiritual mais profundo de sua vida. Ele passou a recontar para mim.

Em meio a conversas sobre guerra e crescente conflito internacional, percebo que sou engenheiro em uma missão secreta para implantar e detonar uma bomba atômica. Quando começo a instalá-lo em um campo aberto, um incêndio de grama começa, forçando todos a se afastarem. Corro para a segurança e começo a circular no perímetro, me perguntando como me aproximar para poder terminar a tarefa. Um amigo meu (que por acaso é um treinador da vida) está subitamente presente, pegando fogo do chão e jogando em mim e nos outros. Enquanto corremos em um círculo ao redor do perímetro, ele me segue na pista interna, nas chamas, jogando repetidamente cinzas do chão em chamas e dizendo repetidamente: "Vá ao fogo, Dean. Vá para o fogo. Vá para o fogo!

Eu sei que a bomba ainda não foi detonada adequadamente. Finalmente, corro para a frente no fogo, pego a bomba e volto a colocá-la no lugar. Enquanto detona, uma pluma atômica cresce rapidamente no céu. Tudo treme. Certamente serei consumido, fuja, mas surpreendentemente não estou ferido.

De repente, o céu inteiro se enche de uma mensagem como a maior tela de cinema da história. Em todo o planeta, ninguém pode escapar da história panorâmica do evangelho contada diretamente pelo próprio Deus, declarando que o que as pessoas da terra há muito ignoram ou zombam é realmente verdade, mas que a janela do tempo para responder agora é curta. Ele está chegando em breve. O julgamento não pode ser adiado para sempre. Observo e choro, impressionado, pois a mensagem no céu é como a promessa de Noé. No sonho, acabara de surgir uma palavra profética de Mike Bickle [fundador e diretor do IHOPKC] de que tudo estava prestes a mudar de maneira maciça e imprevisível, e que devemos nos preparar para isso, para a reunião final de um bilhão de almas. prestes a lançar. Uma vez que as coisas mudassem, seria fácil salvar os perdidos.

No sonho, estou emocionalmente superado e atordoado, mas sei que o que ouvi é verdade. Na medida em que a visão no céu desaparece, agarro a primeira pessoa a seguir meu caminho, um homem de vinte e poucos anos. Chocado, ele não precisa ser convencido; ele apenas assente, disposto e necessitado pelo evangelho. Gaguejo e tropeço em uma oração fraca e estranha. Ele murmura quase à minha frente, como se a oração real fosse uma mera formalidade, porque seu coração já havia tomado a decisão de se render a Cristo. Cheio de urgência, procuro o próximo e o próximo. Quase todos estão dispostos. Os poucos que não passam rapidamente, sabendo o que eu ofereço. Choro por eles, espantado com a sua recusa teimosa, mas há muitos que estão dispostos e muito pouco tempo a perder. Este é o último convite.

Quando o sonho termina, sinais e maravilhas estão surgindo por toda parte. Milagres de cura. Em todos os lugares, ondas de unção para libertar, curar e salvar após a pregação mais simples do

evangelho. É o sonho apocalíptico mais impressionante que já tive; Quando acordo, choro com o grande amor de Deus pelos perdidos e uma doce e pesada presença do Senhor enche meu quarto. Eu rapidamente olho para o meu relógio.
São 3:16 da manhã—como em João 3:16.

Assim que Dean me contou seu sonho, eu sabia o que aquilo significava. No sonho, a bomba atômica representa o poder atômico do jejum corporativo prolongado, como Hall e Bright escreveram, e estávamos escrevendo naquele mesmo dia.

O fogo ao redor da bomba foi o fogo refinado do jejum pelo qual alguém deve passar para obter autoridade no Espírito. Mike Bickle, fundador e diretor do IHOPKC, simbolizava o fim dos tempos e uma oração corporativa intensa e unida, dia e noite. O bilhão de colheitas de almas foram as massas cujos olhos serão abertos à visão da cruz por causa do jejum, oração e evangelização. Em resumo, esse sonho foi a confirmação inacreditável de Deus à mensagem que estávamos escrevendo naquele mesmo dia. Ele estava declarando que a oração e o jejum globais desencadeariam uma bomba espiritual que quebraria o poder do deus deste mundo que está cegando os olhos dos perdidos, permitindo-lhes ver a luz do evangelho da glória de Deus no mundo. rosto de Cristo. Irá desencadear uma onda de evangelismo e missões como nunca foi visto. João 3:16 será o grande tema da terra. Isto não é teoria; isso aconteceu após a escrita do livro de Hall, *Atomic Power With God Through Fasting and Prayer*, em 1946. Os avivamentos de 1948 e a restauração da nação de Israel naquele mesmo ano foram resultado de um jejum massivo?

Poderia ter sido realizado um movimento global de jejum de Joel 2 quando, após o jejum, Joel disser: "Restaurarei a terra"? e "derramarei meu Espírito sobre toda a carne". Poderiam os ministérios evangelísticos de Bright, Graham, Osborn e tantos outros no mesmo período fazer parte da resposta de Deus aos jejuns e orações de milhares de santos em todo o mundo? "O

Jejum de Jesus" (um capítulo do livro de Hall) fez com que o manto de Jesus Evangelista caísse sobre tantos homens e mulheres ungidos?

Fiquei absolutamente apreendido pelo sonho e disse a Dean: "Ao escrever este livro, Dean, você poderia realmente realizar seu sonho e projetar a detonação de uma bomba de jejum atômica para a colheita global?" É interessante que ao lado de nosso hotel era o estádio de Wembley. A antiga tradução para o inglês de Wembley é "um campo aberto", assim como o campo aberto no sonho de Dean. E nós estávamos circulando o hotel onde estávamos escrevendo e detonando a bomba.

Surpreendentemente, topamos com uma pista chamada Engineer's Lane. Lembre-se, no sonho, Dean era um engenheiro que detonou bombas. Essa pista nos levou ao hotel e fomos autorizados a entrar. Terminamos o capítulo e acredito com todo o coração que nós e muitos outros estamos detonando a bomba agora.

Meses depois, eu estava me mobilizando para o Azusa Now, um grande evento de oração, onde 70.000 pessoas se reuniram no Coliseu de Los Angeles no 110º aniversário do Avivamento da Rua Azusa. Naquele dia, eu estava assistindo meu filho jogar futebol e, à noite, estava programado para falar em um determinado local, embora não soubesse onde estava. Eu não queria voltar para Pasadena e o Senhor me proibiu severamente de ir ao local cedo para me preparar. Em vez disso, reservei um hotel apenas para a tarde e lá li o primeiro rascunho de O jejum de Jesus. Enquanto lia, uma súbita consciência explodiu com força em meu espírito! Percebi que Dean Briggs era a resposta para as palavras de Paul Cain quinze anos antes: "Você não sabe o significado do seu nome Dean, mas chegará o tempo em que você o conhecerá".

Essa profecia, lembre-se, me foi dada como uma confirmação de que eu deveria chamar um jejum global para a colheita. Liguei para Dean Briggs, chorando e dizendo: "Dean, lembre-se da profecia de Paul Cain: 'Você não sabe o significado do seu nome Dean, mas chegará o tempo em que você o conhecerá.' essa profecia para me ajudar a chamar o mundo para o jejum de quarenta dias!" Nossos corações ardiam juntos dentro de nós ao telefone

Mais tarde naquela noite, meu assistente disse: "Está na hora de ir ao local para pregar." Eu não fazia ideia de onde estava ou com quem estava, mas simplesmente obedeci ao meu assistente. Quando chegamos ao estacionamento, eu mal podia acreditar nos meus olhos. O local era o mesmo prédio e a mesma escola bíblica onde eu havia recebido meu doutorado honorário quinze anos antes e onde a assinatura do reitor estava faltando! Eu mal podia me conter! O Senhor falou comigo: "Esse era seu doutorado honorário, mas esta é sua dissertação de doutorado. É hora do jejum global para o lançamento da colheita global. Você lança seu pão sobre as águas e agora ele volta para você.

Portanto, este livro em suas mãos pode liberar algo de poder espiritual semelhante à experiência de Jesus. Ele saiu do deserto "no poder do Espírito" e "as pessoas que estavam sentadas nas trevas viram uma grande luz" (Lucas 4:14, Mateus 4:16).

Este livro é um apelo cheio de paixão para a Igreja global se comprometer com longos períodos de jejum, mesmo com jejuns de quarenta dias, a fim de ver a maior colheita de almas que a Terra já viu e inaugurar o retorno do rei, Jesus. Este é o meu chamado, e estou convidando você a se juntar a mim no Jejum de Jesus!

CAPÍTULO 2
O JEJUM DE JESUS

Há momentos na história em que uma porta para grandes mudanças se abre. Grandes revoluções para o bem ou para o mal ocorrem no vácuo criado por essas aberturas. É nesses tempos que homens e mulheres-chave, mesmo gerações inteiras, arriscam tudo para se tornar a dobradiça da história, esse ponto crucial que determina em que direção a porta se abrirá.

O Jejum de Jesus

Talvez você tenha ouvido falar do Movimento Jesus, aquele despertar glorioso das décadas de 1960 e 1970, quando as pessoas estavam sendo salvas em todos os lugares. Evangelismo foi tão fácil! Alguém disse que você poderia ter dito "Boo!" E as pessoas seriam salvas. Um amigo meu aproximou-se de dois rapazes e perguntou: "Que horas são?" Eles responderam: "Está na hora de você ser salvo." E ele conseguiu! Não vimos esse tipo de salvação despertando desde aquele período, e é o grande desejo e sonho de milhares que veríamos outro Movimento de Jesus e muito além.

Há momentos na história em que Deus introduz as massas no Seu Reino, como uma ceifeira-debulhadora traz trigo durante a colheita. Mas enquanto os anos 60 e 70 foram uma grande era de evangelismo, não foi o primeiro nem o único

Movimento de Jeus. Como você pode imaginar, o Movimento de Jesus original começou com ninguém menos que o próprio Jesus.

É minha convicção que o início do ministério evangelístico de Jesus, circulando em torno de Seu batismo, Seu jejum de quarenta dias e Sua saída do deserto no poder do Espírito, não era uma anomalia, mas, em certa medida, um protótipo de todas as estações da colheita na história. Todos eles seguem esse padrão original.

> Quando todo o povo foi batizado, aconteceu que Jesus também foi batizado; e enquanto Ele orava, o céu foi aberto. E o Espírito Santo desceu em forma corporal como uma pomba sobre ele, e uma voz veio do céu que dizia: "Tu és o meu Filho amado; em ti me comprazo ". . . Então, Jesus, cheio do Espírito Santo, voltou do Jordão e foi guiado pelo Espírito no deserto, sendo tentado por quarenta dias pelo diabo. E naqueles dias Ele não comeu nada e depois, quando eles terminaram, ele estava com fome. . . Então Jesus voltou no poder do Espírito à Galiléia, e as notícias Dele foram divulgadas por toda a região circundante. E Ele ensinou em todas as suas sinagogas, sendo glorificado por todos. (Lucas 3: 21-22; 4: 1-2,14-15)

Após o batismo e a confirmação da filiação por meio da voz do Pai do céu: "Este é meu Filho amado, em quem me comprazo" (Mateus 3:17), Jesus foi imediatamente levado pelo Espírito de Deus ao deserto para uma estação prolongada no deserto de jejum, oração e prova. Foi durante esse jejum, o Jejum de Jesus, que Ele venceu as tentações de Satanás e saiu no poder do Espírito Santo com autoridade sobre doenças, enfermidades e opressão demoníaca.

Muitos pensariam que quando Jesus foi levado pelo Espírito ao deserto para jejuar por quarenta dias, a fraqueza de Seu corpo durante o jejum o tornaria mais suscetível às tentações de Satanás. Na realidade, o jejum o fortaleceu em espírito e permitiu-lhe subjugar o poder de Sua carne para que pudesse vencer. Como dissemos em O jejum de Jesus, "Adão foi tentado com o estômago cheio no paraíso, mas falhou.

Jesus foi tentado no deserto enquanto estava faminto, mas conseguiu."

Jesus foi levado pelo Espírito ao jejum, não apenas na fraqueza da humanidade, mas como o pavor campeão Filho de Deus! Deus estava brigando com o diabo através de Seu próprio Filho amado. Depois de obter vitória interna sobre a tentação, Jesus saiu no poder do Espírito com vitória externa sobre demônios, doenças, enfermidades e enfermidades mentais. Foi o Jejum de Jesus que desencadeou o Movimento de Jesus!

> O jejum gera profetas e fortalece homens fortes. O jejum torna os legisladores sábios; é a salvaguarda da alma, o camarada de confiança do corpo, a armadura do campeão, o treinamento do atleta.
>
> (Basílio, bispo de Cesareia, 330-379 dC)

O Jejum de Jesus é uma das armas de Deus para vencer o inimigo de nossas almas, sim, o mundo, a carne e o diabo. É o arco totalmente dobrado que dispara a flecha da vitória do Senhor sobre a tentação, desencadeando assim os destinos divinos dos santos.

O ressurgimento do jejum na América

Outra onda de jejum e oração juntos, semelhante ao que começou em 1946, ocorreu em meados dos anos 90. Em 1994, Deus levantou um líder chamado Bill Bright para reacender a chama do jejum na América. Como evangelista por telefone, Bright fundou a Campus Crusade for Christ na Universidade da Califórnia, Los Angeles, em 1951, e foi seu presidente por quarenta e três anos antes que Deus o sobrecarregasse com um chamado ao jejum.

Bright contou: "Na primavera e no verão de 1994, eu tinha uma convicção crescente de que Deus queria que eu jejuasse e orasse por quarenta dias pelo avivamento na América e pelo cumprimento da Grande Comissão em obediência ao mandamento de nosso Senhor." No início ele questionou se

Deus realmente o estava chamando para esse jejum. Quarenta dias sem comida era uma tarefa assustadora. No entanto, a cada dia que passava, o chamado de Deus para jejuar se tornava mais forte. Sob profunda convicção do Espírito Santo, Bright embarcou em seu jejum com grande alegria e expectativa. Ele sentiu que um jejum tão longo era necessário e era a liderança divina de Deus por causa da magnitude dos pecados da América e da Igreja. Ele também orava diariamente pela aceleração do cumprimento da Grande Comissão. Bright disse mais tarde que seus primeiros quarenta dias de jejum foram os quarenta dias mais importantes de sua vida.

Saindo do jejum, Bright sabia que havia recebido uma nova designação do Senhor. Ele disse,

> Deus nunca falou comigo audivelmente, e eu não sou dado a profecia. Mas naquela manhã, sua mensagem para mim foi clara. "América e grande parte do mundo experimentarão antes do final do ano 2000 um grande despertar espiritual! E esse avivamento provocará a maior colheita espiritual da história da Igreja."

Senti que o Espírito Santo estava me dizendo que milhões de crentes devem buscar a Deus com todo o coração em jejum e oração antes que Ele intervenha para salvar a América. Fiquei impressionado com o Espírito ao orar para que dois milhões de crentes se humilhem buscando a Deus através de jejuns de quarenta dias.

Em resposta a esse encontro, Bright começou a escrever seu livro sobre o jejum chamado O Renascimento Vindouro: o chamado americano para jejuar, orar e "procurar o rosto de Deus". Na verdade, ele comparou o jejum com o poder de uma bomba atômica, ecoando o entendimento de Franklin Hall de 1946. Ele também reuniu seiscentos líderes cristãos em Orlando em dezembro de 1994 por dois dias para gritar em oração e jejuar por um despertar na América e pelo mundo. avanço do Reino de Deus no mundo. Não acredito que seja coincidência que seis meses depois, em 18 de junho de 1995, o Revival de Brownsville tenha estourado em Pensacola, na

Flórida, o que levou a dezenas de milhares de pessoas serem salvas e curadas nos anos seguintes. Quem sabe quantos ministérios também nasceram?

A influência e a paixão de Bright pelo assunto renovado do jejum eram contagiosas. Quando seu livro foi lançado em 1995, provocou uma incrível resposta internacional denominacional e cruzada, provocando centenas de milhares de pessoas para jejuar e orar. Garantindo que Deus lançaria um grande despertar espiritual em 2000, Bright chamou a Igreja a jejuar de acordo com o mandato de Deus em 2 Cronos. 7:14,

> Se o meu povo chamado pelo meu nome se humilhar, orar e procurar a minha face, e se desviar dos seus maus caminhos, então ouvirei do céu, e perdoarei os seus pecados e curarei a sua terra.

Bright encorajou fortemente todo pastor e líder cristão a jejuar pelo menos um jejum de quarenta dias em sua vida. Enquanto Bright estava convencido de que o avivamento estava chegando, ele acreditava que o escopo desse avivamento dependeria muito de como os crentes respondessem ao chamado para jejuar e orar.[1]

Lembro-me de conversar com um conhecido líder da JOCUM durante esse período. Esse líder me disse que quase havia perdido a esperança para a América e se resignado a alcançar outras nações com o evangelho. No entanto, quando soube do chamado de Bright para jejuar, ele disse: "Agora estou cheio de esperança".

Quando li o livro de Bright, a fé nasceu em meu coração e me comprometi com um jejum de quarenta dias em janeiro de 1996.Quando um grande e humilde líder como Bright, criou e construiu um dos maiores e mais bem-sucedidos ministérios da faculdade e organizações missionárias no mundo, pede um jejum, que não é o momento de discutir e debater sobre doutrinas religiosas ou questionar os méritos do momento

1   http://www.sermonindex.net/modules/newbb/viewtopic.php?topic_id=58571&forum=35

desta chamada à ação. É fácil recuar de um chamado como esse e falhar em fazer história com Deus, porque nossa carne não quer jejuar.

Isso foi em 1996 e foi meu primeiro jejum de quarenta dias. Como escrevi anteriormente, foi durante esse jejum que ouvi o intenso e audível mandamento do Senhor: "Estenda uma vara de despertar sobre a terra! Você fará isso? "Observe a palavra dita" sobre a terra! "Desde aquele momento, fui obrigado no Espírito a obedecer a esse mandamento, e estou esticando a vara do despertar ao escrever este livro. Como você pode ver, o propósito divino da minha vida de chamar o globo para longas temporadas de quarenta dias de jejuns não se originaram comigo. Estou convencido de que veio de Deus e me foi entregue por grandes pais em jejum da fé, como Franklin Hall, Derek Prince e Bill Bright. Minha esperança é que você se junte à história. Conforme afirmado em *The Jesus Fast*, "A história pode ser moldada nos corredores da academia e no poder exercido por tolos, financiadores e políticos, mas nos corredores do céu, a história é moldada por intercessores".

Como disse Derek Prince, o jejum é "uma tremenda lição para estabelecer quem é o mestre e quem é o servo. Lembre-se, seu corpo é um servo maravilhoso, mas um mestre terrível. Ouvi o chamado, neguei minha carne e comecei a jejuar.

CAPÍTULO 3
O JEJUM EKBALLO

O número de missionários no campo depende inteiramente da extensão com que alguém obedece a esse commando (Mateus 9:38) e ora por obreiros.

Andrew Murray

Se poder é acrescentado à oração unida de dois ou três, que poderoso triunfo haverá quando centenas de milhares de membros consistentes da Igreja estiverem de comun acordo, dia após dia, intercedendo pela espansão do reino de Cristo..

John R. Mott

Martinho Lutero escreveu um dos maiores hinos da história da igreja, "Castelo Forte é Nosso Deus". Um dos versos declara uma poderosa verdade: "Pois nosso inimigo antigo ainda procura nos fazer sofrer; seu ofício e poder são grandes e armados com um ódio cruel. . . O Príncipe das Trevas sombrio, não tremos por ele; sua raiva podemos suportar, pois eis que sua destruição está certa, uma pequena palavra cairá sobre ele!"

Você pode acreditar comigo que a Palavra de Deus, mesmo uma palavra, quando totalmente aceita e posta em prática, quebrará o feitiço de Satanás sobre a Terra e resultará em uma enorme mudança na história da salvação humana? Eu acredito que você pode. Escrevo este capítulo para chamar a Igreja de volta a uma palavra simples e soberana encontrada em um verso revolucionário, Mateus 9:38.

> A colheita é realmente abundante, *mas os trabalhadores são poucos.* Portanto, ore ao Senhor da colheita para enviar trabalhadores para a sua colheita. (Mateus 9:37-38, ênfase do autor)

Sem dúvida, você já ouviu isso antes, assim como eu, mas, para ser sincero, nunca tinha realmente ouvido.

Não reivindico originalidade ou sofisticação, apenas um desejo estrondoso de obedecer. Minhas convicções são simples:

1. O próprio Cristo ordenou esta palavra
2. Geralmente negligenciamos esta palavra, portanto sua potência nunca foi totalmente testada
3. A história depende de sua realização.

A colheita é realmente abundante, mas os trabalhadores são poucos. Portanto.

Nossa negligência nunca foi aceitável, mas é ainda menos agora. Na plenitude dos tempos, Deus enviou Seu Filho. Outra plenitude do tempo de envio está sobre nós. E esse envio depende inteiramente da Igreja mundial unida em orar esta única palavra e versículo das Escrituras. Nele fomos confiados combustível para um reavivamento global. Mateus 9:38 contém dinamite suficiente para desencadear uma reforma mundial do evangelismo e missões, mobilizar dezenas de milhares de missionários e reformadores e trazer de volta o rei Jesus ao planeta. De fato, ouso dizer que a ausência de uma grande colheita final não se deve principalmente à falta de esforço ou compromisso evangelístico sincero, mas principalmente à inconsistência e falta de fervor com que atendemos a esse versículo, pois é o Senhor. da estratégia de colheita mais elementar da colheita. O programa de evangelização do Céu é uma ideia de oração lançada em vermelho na Bíblia Red-Letter.

Para mim, a revelação e o desejo ardente de orar Mateus 9:38 perturbaram meu mundo no final de 2011. Os líderes da JOCUM—Andy Byrd, Brian Brennt e sua pequena empresa —entraram na minha confortável sala de estar em Kansas City e começaram a profetizar: "está chegando uma mudança para o TheCall, e não será apenas o jejum e a oração, mas a proclamação do evangelho, sinais e maravilhas, e estádios serão preenchidos e o manto de Billy Graham está caindo sobre o país. TheCall levará ao The Send." O céu repousou sobre nossa pequena reunião. Comecei a me perguntar: "Talvez TheCall tenha sido um precursor temporário do tipo João Batista de um Movimento Jesus ainda maior, colhendo uma colheita na América e nas nações e levando a um envio maciço de trabalhadores para os povos não alcançados da Igreja. Terra" Enquanto eu pensava nisso, esses líderes da JOCUM compartilharam sua visão de oitenta milhões de almas serem salvas, resultando em duzentos mil "enviados". Viria onda após onda de missionários invadindo as cidades, as universidades, as nações fechadas e os grupos não alcançados com as Boas Novas. Mas como tantos poderiam ser salvos e enviados? Em breve encontraríamos a receita para esse problema.

No segundo dia, quando estávamos prestes a adiar nossa reunião, um profeta ligou para meu amigo e perguntou se ele sabia onde estava Lou Engle. Sim. Eu estava lá naquele momento. O profeta disse ao meu amigo para me dizer que ele havia acabado de receber uma visita do Senhor, dizendo-me em palavras semelhantes que haveria uma mudança no TheCall e que o manto de Billy Graham chegaria ao país e os estádios seriam preenchidos. Eu sabia então que essa era a confirmação da palavra do Senhor.

Havia mais por vir. Digite essa pequena palavra!

Um ano depois, enquanto viajava com os mesmos pilotos da JOCUM, me encontrei em Orlando. Mais uma vez, suas profecias começaram a me mexer. Nosso senso do alcance do propósito de Deus neste momento da história estava sendo ampliado ainda mais. Brian Brennt começou a ensaiar nossa história profética, informando-nos com entusiasmo de um "turbilhão de Deus" que havia acontecido recentemente na Califórnia. Ele esteve com um grupo de líderes lá discutindo nossa história e descrevendo a eles a visão do The Send, as reuniões do estádio e a estratégia de reuniões que intencionalmente se uniram à oração e ao evangelismo. Embora admitisse que não sabia ao certo qual deveria ser o nome dessas reuniões antes do Send, um líder profético do Canadá, Faytene Grasseschi, interrompeu repentinamente: "O nome será *Ekballo*!" Parecia inspirado, mas ninguém estava exatamente certo do que isso significava, então eles começaram a pesquisar essa palavra grega antiga.

A resposta forma uma mudança de paradigma de oração para todos nós, e é a palavra e a razão para a escrita deste capítulo.

Renasce uma palavra antiga: *ekballo*!

Ekballo é a palavra que Jesus usa em Mateus 9:38, onde Ele instrui Seus discípulos a "orar ao Senhor da Colheita para enviar trabalhadores (*ekballo* em grego) para o campo da colheita". O que é surpreendente é que *ekballo* não é o normal termo para "enviar", como a maioria das nossas traduções possui. Uma definição geral de envio é "levar ou ser levado, ou providenciar a entrega". É uma palavra perfeitamente útil para a transferência agradável de uma coisa de um lugar para outro. Posso enviar saudações, correio e dinheiro, tudo com relativa facilidade. *Ekballo*, por outro lado, não é educado nem contido. *Ekballo* é muito mais estridente e espiritualmente confrontador, cheio de paixão e força. É usado quando Paulo é "jogado" na prisão (Atos 16:37) e Estevão é "expulso" da cidade e apedrejado (Atos 7:58).

Veja bem, *ekballo* não é bonito. É eficaz, mas não é bonito. Se aplicássemos o grego no beisebol, entenderíamos que os arremessadores não mandam a bola da mão para o rebatedor no prato de casa, *ekballo* a bola! Esta é a mesma palavra que Jesus usa quando diz: "Se eu, pelo dedo de Deus, expulso demônios (*ekballo*), então o Reino dos Céus veio sobre você" (Lucas 11:20). Uau! Você percebe, os demônios não saem por vontade própria, certo? Eles devem ser *ekballo*! Grande força deve superar grande resistência.

Quando Jesus *ekballos* demônios, demônios tem que ir! Quando Jesus *ekballos* obreiros, evangelistas e missionários foram embora! Assim, *ekballo* é um verbo de intensa energia e força espiritual. A veemência do *ekballo* é necessária para atrapalhar a vida útil de trabalhadores recalcitrantes e sub-visionados. Tudo sobre o jejum prolongado e as missões mundiais ameaçam nosso conforto.

Nós amamos muito nossas casas confortáveis e insularidade. É por isso que Jesus ordena que seus discípulos implorem ao Senhor da Colheita aos trabalhadores do *ekballo*. Algo forte e forte deve nos agarrar. Em Marcos 12, lemos que o Espírito levou Jesus (*ekballo*) ao deserto a jejuar. Jesus foi tomado por um intenso desejo de entrar no jejum. Sempre que alguém sente um desejo intenso de jejuar, pode apostar que não é o diabo que os tenta. Não! Algo está se preparando para quebrar!

Dick Simmons: A cruz e o punhal

Dick Simmons não tinha idéia da energia divina que estava liberando naquela meia-noite enquanto orava *ekballo* em Mateus 9:38. Com vista para o rio Hudson e sobrecarregado para as gangues da cidade de Nova York, ele implorou com gritos altos ao Senhor da Colheita que enviasse trabalhadores para aquele campo de colheita. A polícia veio prendê-lo por perturbar a paz. Quando a polícia o encontrou orando, eles se recusaram a perturbar o homem que orava. Na mesma noite em que ele estava orando, mais tarde foi descoberto, um jovem da Pensilvânia viu um artigo e uma fotografia na edição de 1958 da *Life Magazine* de sete adolescentes que eram membros de uma gangue na cidade de Nova York. O Espírito Santo o moveu tão poderosamente com compaixão que ele foi instigado a ir à cidade de Nova York para pregar a eles.

A história registra o nome do jovem como David Wilkerson. O livro *A cruz e o punhal* (*The Cross and the Switchblade*), a conversão de Nicky Cruz, Desafio Jovem, milhares de viciados em drogas e membros de gangues convertidos, Times Square Church, milhões impactados pelo evangelho através da vida e ministério de David Wilkerson—tudo isso porque um homem gritou *ekballo* na noite tranquila. David Wilkerson juntou-se à grande nuvem de testemunhas e todo o mundo sabe o nome dele, mas quem conhece Dick Simmons? Eu digo, o céu conhece Dick Simmons! Um homem orando um versículo, Mateus 9:38, enviou um trabalhador. E eis a colheita! Dezenas de milhares de almas não serão creditadas apenas na conta de Wilkerson, mas também na conta de um homem que ora.

Sempre aconteceu de a história ir para o intercessor. A pessoa que foi e a pessoa que orou colhem a colheita e recebem a recompensa eterna.

A pergunta deve ser feita: David Wilkerson teria sido enviado para a colheita se Dick Simmons não tivesse orado Mateus 9:38?

Recebi a resposta da minha própria pergunta da maneira mais profunda logo após o meu turbilhão no ekballo de Orlando. É por isso que estou sob a pressão divina de chamar a Igreja para orar fielmente este versículo. Ao ler o livro clássico *Rees Howells: Intercessor*, fui subitamente preso pelo seguinte parágrafo

> Durante anos, o Sr. Howells vinha orando para que o evangelho fosse ao mundo. Antes de ele ir para a África, o Espírito trouxe diante dele a promessa de Deus a Seu Filho no Salmo 2: 8. Ele não deixou passar um dia sem rezar para que o Salvador tivesse "os pagãos por Sua herança e as partes mais remotas da terra por Sua possessão", e estava disposto a ser, em certa medida, a resposta para suas próprias orações. que ele havia aceitado o chamado para a África. Então, na África, ele ficou impressionado com o comentário de Andrew Murray sobre as palavras do Salvador em Mateus 9:38: "Orai, pois, ao Senhor da colheita que ele enviará trabalhadores para a sua colheita." Andrew Murray apontou: com base neste versículo, que o número de missionários em campo depende inteiramente da

extensão em que alguém obedece a esse comando e ora aos obreiros; e o Senhor havia chamado o Sr. Howells para fazer isso.

Enquanto eu lia isso, não conseguia descrever o efeito dessas palavras em minha alma. Era como se todas as outras visões fugissem da intensidade de sua luz. Em um momento eu sabia que toda a minha vida seria completamente consumida com essa ligação. Ali naquele livro ao lado: "E o Senhor chamou o Sr. Howells para fazer isso", escrevi: "E o Senhor chamou Lou Engle para fazer isso". Surgiu uma visão de levantar um milhão de crentes em todo o mundo que orariam Mateus 9:38 diariamente. Orar! *Ekballo*!

Leia esta declaração de Andrew Murray novamente e deixe que ela domine você da mesma maneira como me dominou. "O número de missionários em campo depende inteiramente da medida em que alguém obedece a esse comando e ora por obreiros."

Depende. Inteiramente. Depende inteiramente! Inteiramente!

Se Andrew Murray, um dos grandes avivistas e estadistas missionários da história da igreja, e um dos maiores professores e autores da Bíblia neste século passado, faz essa afirmação ultrajante como acredito que a escritura faz, se não a pesarmos e ficarmos abalados suas implicações?

Se essa escritura e o comentário de Andrew Murray forem verdadeiros e a Igreja realmente compreender sua importância, então da noite para o dia, Mateus 9:38 se tornaria a petição ardente de milhões de lábios em todo o planeta. Todos os dias não cedíamos. Infelizmente, não é assim. Por quê? Considere os enormes desafios que enfrentamos: milhões na América sem Cristo; nossas cidades do interior devastadas com desesperança, violência e destruição; mais de sete mil grupos de pessoas não alcançadas na Terra hoje, com 3,2 bilhões de pessoas nunca ouvindo o evangelho. No entanto, se Andrew Murray estava certo, o grande problema esmagador da colheita não é principalmente a nossa falta de trabalhadores, pois o Senhor da Colheita prometeu *ekballo*-los! É principalmente a nossa desobediência ao Seu comando fazer esta oração. Estou abalado com isso.

Tomei Mateus 9:38 apenas como sugestão?
Eu banalizei a oração que termina a missão?

Acredito que uma revolução que sacode a terra está prestes a ocorrer porque o Senhor da Colheita está mais uma vez respirando a oração que Ele nos disse para orar. Se os primeiros apóstolos foram ordenados a rezar esta oração antes de serem enviados e como estavam indo, quanto mais a última geração apostólica será exigida pelo céu para fazer esta oração? Amigos, estamos chegando ao fim da história. O horizonte final está aparecendo e o cenário está sendo preparado para o retorno de Cristo. "A colheita é o fim dos tempos" (Mateus 13:39), mas ainda assim Jesus clama: "A colheita é abundante, mas os trabalhadores são poucos. Orem ao Senhor da Colheita para que os trabalhadores do *ekballo* entrem em Seus campos de colheita.

Entendendo ekballo: "Eu ordeno que você me implore"

Este momento *ekballo* em Mateus 9 é um momento climático no ministério de Jesus. Jesus vai revelar o remédio para o grande problema que não é a colheita abundante, mas a falta de trabalhadores para colher. A versão King James adiciona uma ênfase vital. À luz deste problema, "orai, pois!"

Ore ao Senhor da colheita para enviar trabalhadores para a sua colheita!

Se percorrermos Mateus 9:38 muito rapidamente, pode parecer que estamos ouvindo uma troca casual entre Jesus e Seus discípulos, em vez de ouvir as ordens de marcha do Senhor da Colheita. Se você é como eu, no passado, pode ter lido o versículo como uma simples exortação a orar de tempos em tempos para que os obreiros recebam um fardo maior para as almas. No entanto, quando a examinamos em contexto, a linguagem nos convence de outra maneira.

Nos versículos anteriores, Jesus está curando os doentes, pregando o evangelho do Reino e expulsando demônios. Quando Ele vê as multidões massivas chegando a Ele assediadas e desamparadas, como ovelhas sem pastor, Ele é quebrado em pedaços com compaixão. Oprimido pelas limitações de Sua própria encarnação, Ele é dominado pela necessidade de milhares que podem ministrar como Ele. Imediatamente, Ele reúne Seus discípulos e, cheio de uma paixão explosiva, os exorta com força a orar. Não! Não apenas ore! Deēthēte, a palavra grega para "orar" usada aqui não é a palavra comum usada para orar no Novo Testamento; antes, significa implorar e implorar com sinceridade, implorar com intensidade urgente.

Não é um tipo de oração passiva e ofegante, mas um grito retumbante de intensidade e paixão. Jesus não está chamando Seus discípulos para uma oração vaga, sem paixão e sem sangue. Ele está comandando que eles sacudem o céu com suas vozes até que os trabalhadores sejam lançados!

Ao examinarmos mais a palavra grega, vemos que ela é usada no que é chamado de verbo imperativo aoristo. Para seus ouvintes originais, a exortação do Senhor teria soado mais ou menos assim: "Eu ordeno que você me implore e continue me implorando!" Essas palavras, tomadas como o grego original pretendia que fossem entendidas, poderiam trazer uma revolução para o mundo inteiro. movimento de oração. Jesus não está dando a seus discípulos uma sugestão educada. Ele não está pedindo que eles encaixem essa oração em sua agenda de vez em quando. Não! Ele está desenfreando Sua própria intensidade, para que se sintam constrangidos pelo fardo dela.

Irmãos e irmãs, se houvesse outra alternativa que pudesse remediar melhor o problema radical do evangelismo mundial de poucos trabalhadores, você não acha que Jesus teria inserido essa solução em Mateus 9? Se a oração era apenas uma das muitas boas idéias, por que Ele simplesmente não disse que foi? Por que arriscar orar se desperdiçar nosso tempo já limitado? Sinto-me um pouco como um disco quebrado, mas o próprio Senhor da Colheita está comandando o método primário de colheita, e é um verbo único, ativo, passional e apaixonado: Implore!

Mencionei anteriormente que há algum tempo não sabia qual era meu papel na reunião das missões e movimentos de oração. Mas eu encontrei minha resposta! *Ekballo* é onde os movimentos de oração e de missões colidem. As orações do *ekballo* são o que alimentam o movimento missionário, e estou comprometido em orar e mobilizar a oração do *ekballo* até que todas as nações sejam alcançadas e Jesus retorne.

Em 2013, em resposta à profecia do *ekballo*, lançamos a Casa de Oração do *Ekballo* em Pasadena, Califórnia. Mais uma vez, a pequena palavra ekballo explodiu nas páginas das Escrituras. Ao ler Marcos 2:1, vimos que Jesus foi levado pelo Espírito ao deserto. A palavra "driven" no grego também é *ekballo*. O jejum intensifica a oração, então começamos a Casa de Oração com um jejum de quarenta dias, de 1º de março a 9 de abril, implorando "*Ekballo!*" Por sete anos, entramos neste Jejum de Jesus de quarenta dias, ou *Ekballo Fast*, orando em Mateus 9:38. Deus respondeu às profecias e a esses jejuns poderosamente. Em fevereiro de 2019, a mudança ocorreu. TheCall tornou-se The Send. Em 20 de fevereiro, no Camping World Stadium, em Orlando, 60.000 pessoas se reuniram para serem enviadas para os campos de colheita da terra. Três estádios serão preenchidos no Brasil em 8 de fevereiro de 2020, para o The Send. E está se espalhando. As pessoas estão sonhando sonhos e recebendo chamados. "Quem irá por mim e a quem devo enviar?" Deus está respondendo àqueles jejuns de quarenta dias do *ekballo*. E se toda a Igreja, como nos dias de Bill Bright, se unisse em jejum por quarenta dias e gritasse "*Ekballo!*" Com uma só voz? Vejo ondas de evangelistas e missionários sendo lançadas, varrendo o mundo com a proclamação do evangelho. A ordem de Jesus será respondida. Deve ser cumprido!

CAPÍTULO 4

O JEJUM QUE LIBERA A SALVAÇÃO

Uma coisa sei:eu era cego e agora vejo.
João 9:25

Em 1984, meu pastor Che Ahn e uma equipe de doze pessoas plantaram uma igreja em Pasadena, Califórnia. Deus nos guiou em uma estratégia de intercessão que conecta o poder do jejum e a liberação do poder para a salvação. Vimos como, através do jejum e do culto, o véu que cobre e cega os olhos dos perdidos pode ser removido para que possam ser salvos. A certa altura, ficamos sob o fardo de orar para que uma unção profética viesse tão poderosamente em nossos cultos corporativos que as pessoas seriam salvas apenas na presença do Senhor. Oramos para que fosse como Davi quando tocasse harpa e afugentasse Saul de um espírito atormentador. Por que não conseguimos ver a mesma coisa?

Assim, cerca de dez a quinze de nós jejuamos e oramos por trinta dias e realizamos reuniões noturnas todas as noites. Focamos nossas orações como raios laser em uma coisa: "Senhor, perca o poder da Sua presença na adoração com tanto poder que as pessoas serão salvas sem um chamado do altar!"

Há algo a ser dito sobre o jejum prolongado e a oração pela descoberta. Muitas vezes jejuamos, mas não sabemos ao certo qual é o objetivo de nossa intercessão. Há outros momentos em nossa vida de oração em que avançamos, focando-nos em uma coisa e não aceitamos não como resposta! Nós somos conclusivos. Nós estabelecemos o nosso rosto!

Na vigésima nona noite daquele jejum, eu estava lendo a passagem em que Saul veio entre os filhos dos profetas que estavam profetizando e tocando seus instrumentos. Uma unção veio sobre o rei da nação de Israel, e ele caiu e profetizou durante todo o dia. Ainda temos um pequeno caminho a percorrer antes de tocarmos na dimensão da adoração que faz com que os reis profetizem por vinte e quatro horas! Para chegar lá, não podemos ficar satisfeitos com bons álbuns de adoração. Quando li isso, comecei a experimentar um trabalho genuíno do Espírito Santo. Comecei a gemer de espírito, sabendo que o dia seguinte era o trigésimo dia do jejum, coincidindo com a adoração da manhã de domingo. Nós não éramos uma igreja estranha, não estávamos dançando como loucos ou fanáticos, mas naquela manhã o guitarrista começou a tocar acordes espontâneos e eu comecei a cantar uma nova música: "Nós contemplamos Sua pureza, nós contemplamos Sua pureza, contemplamos a tua beleza, santo incenso trazemos, e contemplamos um céu aberto. "Quando eu cantei essa linha, o céu se abriu. Era como uma bomba lançada na congregação. Um pandemônio sagrado eclodiu, as pessoas estavam dançando, gritando e gritando: "Nós vemos anjos!", Alguns gritaram. O céu invadiu o lugar. Ninguém poderia pregar. O próprio Deus estava pregando.

As pessoas começaram a ser salvas logo durante o culto. E durante semanas, durante o culto, damos a oportunidade de as pessoas responderem e elas serão salvas. Nós experimentamos um grande avanço para o evangelismo através da adoração, quando ele surgiu da sala da caldeira de jejum e oração. Vimos na demonstração gráfica a conexão entre o avanço na salvação e a remoção do véu através do jejum e da oração que precedem o avanço. Lembra do sonho de Dean no início deste livro? Foi a explosão nuclear do jejum e da oração que limpou o céu dos poderes das trevas no segundo céu que levou à colheita de bilhões de almas. Nosso pequeno avanço foi um microcosmo da colheita que ocorrerá quando a Igreja se unir de um acordo no jejum global.

Os filhos do trovão

> Então um arauto clamou em voz alta: "A vós é ordenado, ó povos, nações e línguas, que naquele momento você ouve o som de buzina, flauta, harpa, lira e saltério, em sinfonia com todos os tipos de música, você cairá e adorará a imagem de ouro que o rei Nabucodonosor montou (Daniel 3:4-5)

> Não ligo para quem escreve suas leis. Se eu posso escrever sua música, posso moldar seu destino. (Desconhecido)

Em 2009, eu estava entrando em um jejum de quarenta dias em Kansas City. Antes de entrar no jejum, sonhei que minha barriga estava passando por uma operação. Acordei orando: "Deus, você está tentando operar com meu apetite para que eu possa ser um Daniel que muda a história através da oração e do jejum?" No meio desse jejum, um intercessor profético me enviou um e-mail com um sonho. No sonho, eu estava deitado dormindo e jejuava. Cinco anjos entraram no meu quarto e operaram na minha barriga. Então eles pegaram o livro de Daniel, acenderam fogo e o selaram na minha barriga. A cena mudou e todos esses jovens estavam vindo para mim usando camisetas com os dizeres "Filhos do Trovão". Há dez anos eu acredito que, como Daniel, que, quando ele entendeu que era hora do jailbreak dos judeus fora da Babilônia, jejuou e orou para iniciar esse êxodo em massa, a Igreja seria liderada por Deus em um tempo de kairos para entrar em jejuns de quarenta dias que lançariam a nova geração de músicos, Filhos do Trovão. Poderíamos estar naquele jejum agora?

A música é a força mais poderosa para moldar o destino de gerações. Quando você considera a histeria em massa e a súbita hipnose mundial criada pelos Beatles, você percebe como, na hora e no local certos, um som pode moldar o futuro do globo.no início da década de 1960, o mundo estava sob o feitiço de uma grande expectativa por uma nova ordem mundial e uma nova canção de liberdade. Foi o início da Era de Aquário.

Os Beatles aproveitaram esse momento e criaram um som que ajudou a enquadrar a contracultura dos anos 60. Como nos dias de Daniel, a música dos Beatles capturou um som que chamou as massas a cair e adorar. Agora, neste momento gravídico da história, onde estão os músicos profetas que jejuarão e orarão e pagarão o preço para retirar do céu o som do Grande Cantor de Canções que chamará massas a cair e adorar, desta vez a única Alguém digno de adoração?

Anos atrás, um profeta chamado James Ryle viu três sonhos. Os sonhos diziam respeito a uma nova música e uma nova geração de músicos evangelísticos por vir. Esses músicos foram chamados Filhos do Trovão. O primeiro sonho retratou um caminhão evangelístico itinerante cujo lado rolaria para baixo para criar um palco para uma banda tocar nas ruas. Atrás da cortina naquele caminhão, havia dois jovens tocando suas guitarras blues. Eles não estavam tocando para um palco ou uma gravadora. Eles estavam tocando para uma platéia do One. A música deles tinha um som profético (azul) nascido da profunda intimidade com Deus. Eles tinham nas mãos partituras para uma nova música que prenderia o mundo com seu som, semelhante à maneira como os Beatles capturaram o mundo com seu som e moldaram a contracultura injusta das décadas de 1960 e 1970. A única diferença era que esse novo cântico era de Deus e era destinado a propósitos justos.

No segundo sonho, Ryle foi levado para uma grande igreja que tinha um palco. No canto de um armário de armazenamento havia um amplificador de potência. O amplificador estava desconectado e empoeirado, como se estivesse largado no canto por um tempo. Então, o que ele viu tirou o fôlego! Ele ofegou com um senso de descoberta quando percebeu que o que ele segurava na mão era o amplificador de potência que os Beatles haviam usado!

De repente, ele estava fora da sala de equipamentos e de pé atrás do púlpito em uma igreja, ainda segurando o amplificador. A igreja cresceu cinco vezes mais do que era no começo do sonho. Uma mulher se levantou no meio da igreja e uma luz brilhou nela. Ela começou a cantar uma canção do Senhor e tudo o que ela cantou foi: "Em nome de Jesus Cristo, o Senhor dizemos a você, seja salvo!" Ela cantou repetidamente. Viraria à direita e cantaria, depois viraria à esquerda e cantaria; então ela se vira atrás dela e na frente dela e canta as mesmas palavras. Enquanto Ryle a observava cantar, homens e mulheres estavam desabando em seus assentos, convertidos a Cristo, apenas pelo poder daquela música.

Quando ele acordou, o Senhor disse que havia uma unção e um som da Igreja que teriam um poder espiritual maior que o dos Beatles, e as pessoas seriam simplesmente salvas sob a unção dessas novas músicas. Filhos do Trovão —evangelistas, adoradores e adoradores de evangelistas— viriam lançar esse som.

Durante anos, esse sonho está pairando na consciência intercessora do povo de oração de Deus. "Pois a visão ainda está em um tempo determinado; mas no final ele falará, e não mentirá. Embora demore, espere; porque certamente virá, não tardará "(Hab. 2:3). Muitas vezes os sonhos e visões de Deus demoram muito, mas quando eles finalmente acontecem, não demoram. Eles vêm com um drama repentino e ultrajante. A mídia explode, a cabeça gira, torna-se a conversa atual das massas. Não foi isso que aconteceu com os Beatles? Um momento no Ed Sullivan Show e a bomba sonora dos Beatles explodiu e os estádios estavam cheios de multidões adoradoras! Eu ouço a chegada de outra bomba sonora repentina, uma explosão atômica alimentada por jejum e oração com músicos pagando o preço que nenhuma outra geração estava disposta a pagar para ouvir e lançar as músicas que o céu está cantando. Milhões serão salvos e curados! Os estádios serão preenchidos! Aí vêm Filhos do Trovão! O Jejum *Ekballo* Fast moveu o céu e o Grande Deus lançou os músicos para a arena onde anjos colhem e demônios se enfurecem. No momento em que escrevi, Kanye West confessou sua conversão a Cristo, e milhares estão se reunindo e muitos estão sendo salvos em seus cultos de culto de domingo ao ar livre. Está tomando a nação pela tempestade. Está chegando com súbito drama ultrajante. Talvez ele seja um dos Filhos do Trovão. É como os Beatles. Ore para que este homem seja mantido pelo poder de Deus.

CAPÍTULO 5

A NOIVA AMA O JEJUM

Oh, escorreguei os grosseiros laços da terra e dancei o céu com asas prateadas do riso; Em direção ao sol, subi e me juntei à alegria caída das nuvens divididas pelo sol - e fiz uma centena de coisas com as quais você nunca sonhou - rodaram, subiram e subiram alto no silêncio iluminado pelo sol.

Pairando lá, persegui o vento que gritava e joguei minha embarcação ansiosa por corredores de pés sem ar. Lá em cima, no longo delirante azul ardente, subi as alturas varridas pelo vento com graça fácil, onde nunca brincamos, nem sequer águia; e, enquanto com a mente silenciosa e elevadora, eu pisei na alta e inigualável santidade do espaço, estendi minha mão e toquei a face de Deus.
"High Flight", um poema de John Gillespie Magee, Jr

John Gillespie Magee Jr. foi um piloto de caça na Segunda Guerra Mundial. Ele escreveu este poema incrível sobre a liberdade de vôo. Todos esses prazeres menores que usurpam os afetos de nossa alma são despojados, e nós, estando mortos para tudo, experimentamos o poder da ressurreição e encontramos prazeres à Sua mão direita.

O anjo da igreja de Éfeso fere e adverte os santos ali com estas palavras ardentes: "No entanto, tenho contra ti que deixaste o teu primeiro amor" (Ap 2:4). No jejum, você não perde peso, quebra a força gravitacional das coisas terrenas e se concentra nas coisas acima. Você volta ao seu primeiro amor. E, às vezes, durante ou depois do jejum, você desliza os laços grosseiros da terra, dança os céus, pisa na santidade inigualável do espaço e toca a face de Deus. Meu amigo Bill Johnson escreve em seu livro desafiador, Face a Face with God, "A busca pela face de Deus é a busca definitiva.

Mas, para abraçar a busca pela face de Deus, é preciso estar pronto para morrer. "É por isso que estou chamando o Corpo de Cristo a longos períodos de jejum, a morrer por tudo, a voltar à devoção de sua juventude, a mais uma vez, siga o Noivo até o deserto, para desejar um encontro cara a cara, Sua vinda agora em um reavivamento mundial e Sua segunda vinda, quando governaremos com Ele na terra, quando contemplaremos Sua glória.

Mostra-me a tua glória

Moisés disse: "Por favor, mostre-me sua glória". . . E Ele disse: "Farei passar toda a minha bondade diante de você e proclamarei diante de você o meu nome 'o Senhor'". (Êxodo 33:18)

O jejum não é uma ferramenta para ganhar disciplina ou piedade. Em vez disso, o jejum é o. . . ato de nos livrarmos da plenitude para sintonizar nossos sentidos com os mistérios que rodam dentro e ao nosso redor. Às vezes Deus aparece. Às vezes ele nos alimenta. E de vez em quando, Ele lança Sua glória selvagem diante de nós como constelações explosivas. (Dan Allender)

Nossos dias de jejum corporativo foram dias de fato. Nunca estivemos mais perto da Glória Central! (Charles H. Spurgeon)

Eu nunca tive um encontro cara a cara com Jesus; Eu nunca vi Sua Glória Shekinah. Eu tive dois sonhos gloriosos nos quais ouvi a música inacreditável do coral angelical e vi a majestosa cachoeira de Deus. Mas foi principalmente através do meu jejum que Deus afastou a obscuridade da minha alma e as coisas celestiais se tornaram mais reais. Lembro-me do primeiro jejum que fiz. Na época, meu trabalho era cortar a grama em Maryland.

No terceiro dia, a presença do Senhor girou em torno de mim. Eu senti como se pudesse tocar os anjos. Foi um raro êxtase e, a partir desse ponto, fui arruinado pelos prazeres do jejum.

A gravidade perdeu força e eu fiz a minha casa no ar rarefeito. Ao livrar minha alma da plenitude, eu estava sendo sintonizado com os mistérios que rodavam ao meu redor. O reino dos sonhos foi aberto e eu pude ouvir o sussurro de Deus mais claramente. Naqueles sonhos, tive um vislumbre da eternidade. Às vezes, em jejum, o véu da alma se torna muito fino, e é quase como se você pudesse estender a mão por esse fino verniz e contemplar a glória de Deus, como Moisés fez em seu jejum de quarenta dias. E se milhares ao redor do mundo subjugassem os prazeres menores de sua carne através do jejum prolongado e gritassem como Moisés: "Mostre-me sua glória!"?

Pão dos ceus

Mas ele respondeu: "Está escrito: 'O homem não viverá somente de pão, mas de toda palavra que sai da boca de Deus'." (Mat. 4:4)

Nesta passagem, Jesus cita o livro de Deuteronômio, onde Israel vagou no deserto por quarenta anos. Deus procurou treinar Seu povo que o maná do céu é muito mais satisfatório do que o doce pão da terra. O que uma geração falhou ao longo de quarenta anos, Jesus cumpriu através de um jejum de quarenta dias. Um jejum de quarenta dias pode alimentá-lo com pão do céu, diminuir o tempo de provação em sua vida e interromper o ciclo de tentação e fracasso. Oh! Você quer pão do céu!

Nunca esquecerei de dirigir com sete homens no caminhão de manutenção do gramado. Enquanto eles fumavam maconha, eu estava me deliciando com a revelação de quem eu era em Cristo no Livro de Efésios. Eu descobri que Jesus é verdadeiramente o Pão Vivo. Durante esse jejum, encorajo você a orar por um espírito de sabedoria e revelação no conhecimento de Deus (Ef 1:17). Em vez de cozinhar e comer, agora você tem todo esse tempo para ler e ingerir a Palavra de Deus. O jejum não é apenas abster-se de comida, é banquetear-se com Deus e com Sua Palavra!

CAPÍTULO 6

O JEJUM QUE PRECIPITA A CHUVA SERÔDIA

Sentimos as chuvas do seu amor Sentimos os ventos do seu espírito Agora ouçamos as batidas do coração dos ceus

*Deixa chover, deixa chover,
Abre as comportasdo ceu.
Deixa chover*

banda Pocket Full of Rocks

As vozes conjuntass de 400.000 jovens aumentaram, quando a banda Pocket Full of Rocks os levou a cantar o hino "Let It Rain". Eu mal podia me conter. Naquele dia, eu pedi à banda para liderar a grande multidão apenas com essa música. Eles haviam escrito "Let It Rain" vários anos antes, e eu tive o privilégio de liderar as reuniões de oração intercessora do Rock the Nations sob a unção dessa poderosa canção. A música estava escondida no deserto, por assim dizer, até o dia de sua aparição pública. Em 2 de setembro de 2000, no TheCall DC, Michael W. Smith ouviu a música e ficou profundamente comovido com ela, gravou em seu álbum e explodiu em todo o mundo.

A música nunca perdeu sua unção. Por quê? Porque Deus quer que a Igreja em todo o mundo chore pela última chuva.

Durante um prolongado jejum de quarenta dias em 1996, vi um sonho épico. No sonho, eu estava com dois líderes de um ministério com quem trabalhei chamado Rock the Nations. Havia um garoto com esses líderes cujo nome era Joel. No sonho, eu deveria estar dando uma carta a Joel, mas eu a perdi e a procurava freneticamente. Acordei do sonho e imediatamente o Senhor falou ao meu coração: "Não perca a carta de Joel. Chame os jovens da América para jejuar e orar. "Em resposta a esse sonho, mobilizamos 400.000 jovens para o National Mall, em Washington, DC, para jejuar e orar pela América. A carta de Joel, o Livro de Joel na Bíblia, é uma preparação para o derramamento do Espírito.

No livro de Joel, o profeta fala de um dia em que o Espírito de Deus seria derramado sobre todas as pessoas em todo o mundo. Esse derramamento seria precedido por um movimento de jejum e arrependimento em massa.

> Consagra um jejum, chama uma assembléia sagrada; ajunta os anciãos e todos os habitantes da terra na casa do Senhor vosso Deus, e clama ao Senhor. . . E acontecerá depois que derramarei meu Espírito sobre toda carne. (Joel 1:14, 2:28)

Pedro citou essa mesma passagem no dia de Pentecostes.

> Mas foi o que disse o profeta Joel: "E acontecerá nos últimos dias, diz Deus, que derramarei meu Espírito sobre toda a carne; seus filhos e suas filhas profetizarão, seus jovens terão visões, seus anciãos sonharão sonhos. "(Atos 2: 16-17)

Observe a diferença sutil, mas extremamente importante, entre essas duas passagens das escrituras. Joel afirma que "acontecerá depois", enquanto Peter afirma que "acontecerá nos últimos dias". No contexto de Joel, entendemos que a palavra depois significa "depois do jejum". O jejum de Joel precipitaria o derramamento do Espírito Santo. Pedro muda a palavra "depois" para "os últimos dias". Juntando tudo, entendemos duas coisas. Primeiro, o jejum e a oração generalizados levam a derramamentos do Espírito Santo. Em segundo lugar, haverá um movimento de jejum global, que levará a um derramamento global do Espírito nos últimos dias.

Voltando a Joel 2, descobrimos que Joel nos deu um plano e um prazo para quando e como Deus derramará Seu Espírito nos últimos dias.

> Ele vos dará em justa medida a chuva; fará descer, como outrora, a chuva temporã e a serôdia. (Joel 2:23)

No natural, a chuva em Israel cairia em duas estações para regar a terra e produzir a colheita. As estações foram nomeadas a primeira e a segunda chuva. Aqui Joel compara os derramamentos espirituais nos últimos dias com as duas estações chuvosas naturais em Israel. A chuva anterior caiu sobre a Igreja Primitiva no Pentecostes e a última chuva está caindo sobre nós nestes últimos dias da história. O marcador de Deus para o começo e o fim dos últimos dias é o derramamento do Seu Espírito. Vivemos nos dias de chuva tardia, quando Deus prometeu derramar Seu Espírito como um dilúvio na terra.

O primeiro capítulo de Joel descreve uma cena de apostasia espiritual que leva ao colapso econômico total, devastação agrícola e julgamento do Senhor. Israel deixou seu Deus. Isso não é muito diferente da América e de muitas nações do Ocidente hoje. Felizmente, Joel dá uma receita para o retorno a Deus. Esta receita está unida em jejum e oração.

> "Agora, portanto," diz o Senhor, "volte-se para mim com todo o seu coração, com jejum, com choro e com luto." (Joel 2:12)

Três vezes a chamada ao jejum é feita. A terceira e última chamada é o que é conhecido na cultura hebraica como chazakah[1]. Quando um assunto é repetido três vezes, torna-se

---

1   http://www.jewishtreats.org/2018/05/three-times-strong.html

um precedente ou permanente. Ao se repetir pela terceira vez, o Senhor está estabelecendo um precedente para a maneira como Seu povo deve buscá-Lo quando a nação se desviar dele.

Do tempo de Joel até o nosso, esse precedente é permanente e imutável. O precedente não é apenas oração; é arrependimento, oração e jejum! É isso que precipita a chuva.serôdia.

Dois livros

Há anos passados, uma janela cheia de maravilhas de revelação e motivação para o jejum abriu e confirmou a descrição do trabalho da minha vida: chamar o mundo para um jejum de quarenta dias unido. Acordei uma manhã com um profundo desejo, quase um gemido interior, de ler dois livros que haviam influenciado muito minha fé. O primeiro livro chamado *Rain from Heaven* foi escrito por Arthur Wallis, um dos pais do movimento carismático na Grã-Bretanha. Ele falou das últimas chuvas mencionadas no livro de Joel como uma figura dos últimos dias derramando o Espírito Santo em avivamento. O outro livro, Moldando a História Através da Oração e do Jejum, me foi dado trinta e cinco anos atrás e foi o livro-texto da minha vida. Foi escrito por Derek Prince, um grande estadista e professor no Corpo de Cristo. Um dos capítulos do livro de Prince foi intitulado "O jejum precipita a chuva tardia".

Gemendo em meu espírito naquela manhã, ansiava que Deus falasse comigo mais uma vez que meu chamado para mobilizar o jejum global ajudaria a precipitar a chuva mais tardia. Eu precisava de confirmação para incentivar minha fé.

Olhei em todas as minhas estantes de livros e não consegui encontrar nenhum dos livros. O desejo em meu espírito de ler esses livros era tão forte que me vi gemendo o dia todo: "Senhor, ajude-me a encontrar esses dois livros hoje! Preciso que você me confirme que o jejum precipita a chuva mais tardia. "Parecia tão estranho, mas era como se o Espírito Santo tivesse preparado o terreno para essa confirmação.

Ele estava gemendo dentro de mim: "Eu devo ajudar Lou a encontrar esses livros!

Naquela noite, eu estava em Lancaster, Califórnia, me preparando para pregar na igreja de meu amigo Joe Sweet.

Eu estava sentado em seu escritório se preparando e ele sentou em sua mesa. De repente, ele se levantou da mesa, caminhou até a estante de livros e disse: "Venha aqui Lou." Quando me aproximei, ele estendeu a mão e puxou um livro da prateleira e disse: "Lou, você está procurando por este livro" Era *Chuva Vinda do Céu*! (*Rain From Heaven*) Eu mal podia acreditar nos meus olhos! Mas eu sabia que Deus estava rugindo sobre o meu chamado.

Na manhã seguinte, eu estava dando uma aula profética e, pouco antes da reunião, um dos alunos se aproximou de mim e disse: "Lou, eu estava na igreja de Anaheim Vineyard hoje de manhã e um homem gritou para mim: 'Você está indo ver Lou Engle hoje! Dê a ele este livro. Ele está procurando! '"O aluno me entregou o livro. Estava moldando a história através da oração e do jejum!

Essa janela de encontro na descoberta desses livros produziu em mim uma das motivações internas mais dinâmicas, dentro e fora da estação, para continuar neste chamado. Sou obrigado a responder como Elias fez à promessa do Senhor para uma chuva que se aproxima.

> A palavra do Senhor veio a Elias, no terceiro ano, dizendo: "Vá, apresente-se a Acabe, e eu enviarei chuva sobre a terra". . . Então Elias disse a Acabe: "Suba, coma e beba; pois há o som da abundância de chuva. "Então Acabe preparou um banquete, mas Elias subiu ao topo do Carmelo e caiu no chão e orou. (1 Reis 18: 1, 41)

Enquanto Acabe subia para comer e beber, Elias subiu ao topo do Monte Carmelo para jejuar e orar. Ajoelhou-se, colocou a cabeça entre os joelhos e orou sete vezes. Elijah sabia por revelação que era hora da chuva. Zech. 10:1 ordena: "Ore pela chuva no tempo da chuva serôdia". Depois da sétima vez em oração, o servo de Elias declarou: "Vejo uma pequena nuvem do tamanho da mão de um homem que se levanta do mar" (1). Reis 18:44).

A resposta de Elias a uma promessa de chuva não ficar sentado até chegar, mas orando a Deus até que a chuva chegasse! Uma resposta de fé a uma promessa de Deus é agir por intercessão até que Deus cumpra Sua promessa! Como Elias, eu também ouço o som da chuva serôdia que se aproxima e me propus a jejuar e orar até que chegue, pois o jejum precipita a chuva serôdia que se aproxima!

Em 40 days enviarei a chuva

Mais uma vez, outro sonho decisivo veio a mim. No sonho, vi trilhos de trem indo para o oceano e naqueles trilhos, poderosos canhões de guerra estavam rolando. Os trilhos entraram em uma floresta densamente arborizada e ali, na selva, um velho em um carrinho velho, embrulhado e entrelaçado em trepadeiras grossas, interrompeu os canhões e os impediu de avançar.

Enquanto o trem estava irremediavelmente obstruído, de repente guerreiros violentos apareceram e expulsaram o velho e o velho carrinho com uma intensidade inacreditável. Os canhões começaram a rolar novamente. A cena mudou no sonho e rolou um pergaminho diante de mim que dizia: "Ainda em quarenta dias enviarei a chuva".

Eu conhecia a interpretação do sonho. Os canhões rolando para o oceano eram o poder sobrenatural de Deus que estava sendo enviado para as nações da terra. Mas o velho e a velha carroça eram um espírito de religião que tinha "a aparência de piedade, mas negava seu poder" (2 Tim. 3:5). Era um símbolo da Igreja sem graça, sem inspiração e sem poder, cheia de incredulidade. Por outro lado, os guerreiros violentos representavam a violência espiritual do jejum de quarenta dias que podia romper a religião, expulsar a incredulidade e perder o poder de Deus para as nações. Mais uma vez vi meu pergaminho e o pergaminho da Igreja, prometendo que, após o jejum de quarenta dias, chegaria a liberação da última chuva no final dos tempos.

Enquanto escrevo este capítulo, oro para que você entenda por que sou obrigado a chamar esse jejum global de quarenta dias; e ao ouvir essas histórias, você pode se encontrar no meio do jejum como Jesus para libertar Cristo dentro de você, que é o próprio poder da era futura.

CAPÍTULO 7

O JEJUM QUE INAUGURA A GUERRA NOS CÉUS

Somos tão absolutamente comuns, tão comuns, enquanto professamos conhecer um poder que o século XX não conta. Mas somos "inofensivos" e, portanto, ilesos. Somos pacifistas espirituais, não militantes, objetores de consciência nesta batalha até a morte, com principados e poderes em altos escalões. . . Somos "marginais"—abordando e criticando os verdadeiros lutadores, enquanto nos contentamos em sentar sem desafiar os inimigos de Deus. O mundo não pode nos odiar; nós somos muito parecidos com os seus. Oh, como Deus nos tornaria perigosos!

Jim Elliott

Uma deusa romana da guerra

Durante um jejum de quarenta dias em 1996, meu amigo sonhou com uma casa de oração budista em cima de uma casa de oração cristã, dominando-a em uma arena de luta livre. De repente, a casa de oração cristã fez uma inversão e começou a dominar a casa de oração budista. O Senhor falou conosco: "Levante uma casa que contenda com todas as outras casas que se exaltem contra o conhecimento e a supremacia de Cristo".

Em 1999, tomei consciência de um campo de batalha espiritual por meio de um sonho que foi dado a uma mulher peruana de Deus.

Seu sonho revelou a natureza de uma batalha espiritual cósmica e uma tarefa de oração divina a ser disputada em favor da Califórnia. No sonho, ela viu uma deusa romana da guerra em um grande corpo de água, amontoando ondas enormes. As pessoas estavam nadando nessas ondas, mas não conseguiam alcançar seus destinos devido à magnitude do aumento das ondas.

No sonho, um anjo apareceu para ela e disse: "A única coisa que pode quebrar o poder desse espírito são quarenta dias de jejum como Jesus na água." Ela perguntou se o sonho significava algo para mim. Tendo sido intercessor da Califórnia por vinte anos, entendi o significado da revelação. Há uma deusa romana da guerra no selo do estado da Califórnia e fica na Baía de São Francisco. O nome dela é Minerva. Na mitologia romana, Minerva era a deusa da guerra que fazia guerra contra os homens. Ela também era a deusa da sabedoria, das artes e da educação. Se o sonho fosse verdadeiro, o Senhor estaria revelando que uma entidade espiritual das trevas, sentada em San Francisco, estava controlando a Califórnia e impedindo-a de cumprir seu destino. No entanto, se o sonho fosse verdadeiro, esse poder espiritual poderia ser quebrado com um jejum de água unido de quarenta dias!

Três anos se passaram. Eu estava voltando para casa do The Call em Seul, Coréia, para me mobilizar para o The Call San Francisco. Enquanto voava, o Espírito Santo de repente me despertou para o sonho da mulher peruana e um desejo intenso brotou dentro de mim para fazer um jejum de água de quarenta dias para quebrar o poder desse espírito sobre São Francisco. Junto com essa agitação profunda, um profundo medo também me atingiu. Eu nunca tinha feito um jejum de quarenta dias sozinho na água, e comecei a me perguntar se eu morreria. Eu lutei com Deus por algum tempo e orei: "Deus, eu não quero morrer, mas quero fazer esse jejum." O Senhor falou muito fortemente comigo. "Você ama a Califórnia o suficiente para morrer por isso?" Eu respondi: "Senhor, espero que eu ame a Califórnia o suficiente para morrer por isso, mas tenho sete filhos. Eu não posso morrer. Preciso que Tu confirmes isso para mim."

Isaías 53 revela que Cristo fez intercessão na cruz. A verdadeira intercessão coloca você no terreno da morte, e ali os principados de Satanás são quebrados. Jesus destruiu as obras do diabo na cruz.

Voei para São Francisco para me mobilizar e depois voltei para Los Angeles. Comecei a jejuar. Na manhã do meu aniversário de 50 anos, encontrei um jovem que se casou com uma mulher peruana que já havia visto o sonho de Minerva. Sem saber nada do começo do meu jejum, ele disse: "Minha esposa teve outro sonho ontem à noite. Uma mulher veio até ela e disse: 'Lou está jejuando no jejum que você sonhou cerca de três anos atrás. Ele acha que vai morrer, mas ele não vai morrer!'"Fiquei em choque e admiração. De repente, fui catapultado pelo pensamento de que isso poderia ser apenas uma boa idéia para saber que essa era uma comissão divina do céu! A fé nasceu em meu coração porque eu sabia que esse foi o jejum escolhido por Deus. Meus ouvidos foram abertos e eu coloquei meu rosto para obedecer à visão celestial.

Agora, eu entendi que Minerva era a contraparte romana da deusa cananéia Ashtoreth mencionada na Bíblia, onde ela representa o principado demoníaco que deu poder à rainha Jezabel. Em Apocalipse 2, o anjo da igreja de Tiatira declarou:

Essas coisas diz o Filho de Deus, que tem olhos como chama de fogo e Seus pés como bronze fino: "Conheço suas obras, amor, serviço, fé e paciência; e quanto aos seus trabalhos, os últimos são mais que o primeiro. No entanto, tenho algumas coisas contra você, porque você permite que a mulher Jezabel, que se diz profetisa, ensine e seduza Meus servos a cometer imoralidade sexual e comer coisas sacrificadas a ídolos. E dei a ela tempo para se arrepender de sua imoralidade sexual, e ela não se arrependeu. De fato, eu a lançarei em um leito de doentes, e aqueles que cometerem adultério com ela em grande tribulação, a menos que se arrependam de suas ações. Matarei seus filhos com morte, e todas as igrejas saberão que eu sou Aquele que perscruta as mentes e os corações. E eu darei a cada

um de vocês de acordo com suas obras. . . Quem vencer e guardar
as minhas obras até o fim, darei poder sobre as nações." (Ap 2:
18-23, 26)

Deus estava examinando os corações e mentes da igreja em
Tiatira, não apenas suas ações externas. Jesus, cujos olhos
ardem em fogo e seus pés em bronze polido, é o Deus zeloso
que não aceita rivais nos fogos de Seu amor. Nesta
passagem de Apocalipse 2, Jesus está descrevendo a batalha
espiritual referente à negligência sexual que a igreja de Tiatira
enfrenta. Ele fala de julgamento por tolerar esse espírito, mas
depois declara que "Aquele que vencer esse espírito de Jezabel
receberá autoridade sobre as nações".Ao ler isso, sabia que
não poderia vincular o espírito de Jezabel à Califórnia, se esse
espírito me vinculasse. Comecei meu jejum, arrependendo-me
diariamente da tolerância interior a Jezabel, da luxúria dos
olhos e de qualquer compromisso. Todo dia eu me via vestida
com as vestes da perfeita justiça de Cristo. Então, dia após
dia, tomava minha posição no espírito diante do espírito de
Jezabel (não um espírito sobre mulheres mas um principado
demoníaco que domina as nações) e dizia: "Declaro a vitória
da cruz sobre o espírito de Jezabel na Califórnia!" Eu não
estava criticando o diabo, estava na vitória de Cristo sozinho.

Agora, existem muitas perguntas sobre como empreendemos
a guerra espiritual. Eu não incentivaria meu método ou minha
postura espiritual a todos, mas fui claramente guiado pelo
Espírito Santo a resistir a esse espírito em um jejum de água
de quarenta dias. Essa foi a estratégia de oração que Deus me
deu.

No 31º dia, depois de falar sobre jejum em San Diego,
passei a noite no Hotel Circle. À uma da manhã, sonhei
possivelmente com o sonho mais libertador e glorioso da
minha vida. No sonho, eu estava sobrevoando a Califórnia
como uma águia voando, rugindo a vitória da cruz sobre
Jezabel! Acordei do rugido do sonho e soube que naquele
mesmo momento algo havia quebrado no reino espiritual,
que, em certa medida, Satanás havia sido empurrado para

trás e Cristo havia tomado terreno no meu estado da Califórnia.

Naquela manhã, voei de San Diego para St. Louis. Quando saí, olhando pela janela do meu avião, vi um grande mural ao lado do terminal do aeroporto, com a face de Charles Lindbergh pintada. Eu não sabia que o aeroporto se chamava Lindbergh Field. Charles Lindbergh, você deve se lembrar, foi o jovem que fez o primeiro vôo transatlântico de Nova York a Paris.

Ele fez história e foi aclamado como um herói mundial. Enquanto voava para St. Louis, tive um daqueles momentos em que fiquei vulnerável à graça. O jejum o torna vulnerável a momentos de graça, momentos de revelação, quando você experimenta o beijo da intimidade de Deus. Ouvi a voz interior do Senhor dizer: "Você é St. Louis para mim e está voando com o Espírito de St. Louis". Sem saber completamente o que significava ou as implicações da voz, comecei a chorar porque Eu sabia que ele estava chamando meu nome de Louis e identificando meu chamado pelo nome do avião de Lindbergh, The Spirit of St. Louis.

Meu amigo me pegou naquela manhã em St. Louis e disse: "Lou, eu tive um sonho com você ontem à noite às três horas da manhã." Considerando a diferença de fuso horário, ele viu o sonho exatamente. mesma hora que eu tinha visto meu sonho. Ele disse: "Ouvi uma voz que dizia: 'Como Lou foi fiel nesse jejum, dei-lhe autoridade sobre Jezabel nas nações e, aonde quer que o TheCall vá, estabelecerei minha casa de oração'". Mais uma vez eu sabia algo havia quebrado no espírito, e as implicações poderiam ser que, quando a Igreja entra em jejum prolongado e unido em todo o mundo, esse espírito demoníaco pode ser abalado nas nações de todo o mundo! Movido por esse turbilhão, procurei Charles Lindbergh e descobri que seu avião, The Spirit of St. Louis, foi construído em San Diego e seu primeiro voo foi de San Diego para St. Louis. Eu não tinha ideia, mas oh, a maravilha! Eu senti o Senhor falando, "O que Lindbergh fez no natural, você vai se levantar no espiritual. Quero que você levante um exército de homens e mulheres, voadores espirituais de longa distância, que participem de jejuns prolongados, como Daniel em Daniel 10, por avanços. contra poderes espirituais como nenhuma outra geração tem."

Depois que meu amigo me contou seu sonho de obter autoridade nas nações, fiquei espantado que o sonho realmente citasse Apocalipse 2: "Aquele que vence. . . Eu darei poder sobre as nações." Eu realmente venci uma batalha espiritual naquele jejum? Será que um jejum global unido de quarenta dias com dezenas de milhares engajados quebrarão principados e poderes sobre líderes governamentais que não estão apenas tolerando Jezabel, mas através da lei estão capacitando espíritos demoníacos de imoralidade sexual e bruxaria?

Quase imediatamente vi o fruto daquele jejum. Eu estava me mobilizando em Sacramento para o TheCall San Francisco quando um jovem veio até mim depois da minha mensagem e se apresentou. Eu não o conhecia, mas ele disse: "Ouvi você falar sobre sonhos e, por isso, rezei para ter um sonho. Naquela noite, sonhei que estava em um estádio cheio de pessoas. Naquele estádio, havia uma plataforma onde os reis decretariam a palavra do Senhor. No sonho, Lou, você estava naquela plataforma declarando a palavra do Senhor. O governador da Califórnia, na época, um homem chamado Gray Davis, estava nas arquibancadas. Ele não queria, mas tinha que se submeter a cada palavra que você estava falando, Lou."

Nos três meses seguintes ao meu jejum, realizamos duas reuniões no estádio com trinta mil pessoas em cada uma. Entre as duas reuniões, imprensada, havia um apelo de quarenta dias para a Califórnia jejuar. Logo após o TheCall San Francisco, um recall foi iniciado na Califórnia e o governador Gray Davis foi impedido de seu cargo. Ele estava aprovando todas as leis inspiradas em Jezabel. Sabíamos naquele momento que algo havia mudado sobre a Califórnia que se manifestava fisicamente em uma remoção política. Se entendemos isso corretamente, as implicações são enormes. Deus pode levantar reis e derrubá-los através do poderoso e unido jejum da

Igreja! Desse jejum, nasceram movimentos de oração pelo fim do aborto (sacrifício de crianças a Baal) e pela salvação e transformação de cem mil pessoas LGBTQ (imoralidade sexual sancionada pelo Estado), os mesmos altares que Jezabel estabeleceu para seduzir uma nação com raízes justas em uma apostasia onde apenas sete mil não haviam dobrado o joelho para Baal.

Embora milhares estejam jejuando durante essas temporadas de quarenta dias com diferentes tipos de jejuns, acredito que haverá alguns, particularmente líderes no Corpo de Cristo e cristãos com uma chamada como Daniel em lugares altos do governo, educação, negócios e lei, que fará jejuns de dez, vinte e um e quarenta dias na água. Eu acredito que eles farão isso para obter uma posição de autoridade espiritual sobre os poderes espirituais e encontrar a mesma promoção divina que se apoiou em Daniel.

E se dezenas de milhares em todo o mundo se unissem no período da Quaresma, de 1º de março a 9 de abril? Lugares como Somália, Afeganistão e Tibete podem se abrir ao evangelho? E se os líderes das nações que promoviam a perseguição à Igreja tivessem encontros com Deus ou fossem removidos do cargo? O livro de Daniel certamente nos dá esperança para esse fim. Aos 83 anos, em Daniel 10, o jejum de Daniel de vinte e um dias inaugurou a guerra nos céus. Arcanjos guerreavam contra os anfitriões da maldade espiritual, resultando na mudança das políticas públicas da Pérsia para uma postura favorável em relação ao povo judeu. O príncipe da Pérsia, um arcanjo demoníaco de alto escalão, foi desalojado de seu lugar de influência sobre os reis naturais da Pérsia, permitindo que eles governassem corretamente. A Igreja já usou de maneira consistente essa poderosa arma que Cristo colocou à sua disposição? Chegou a hora de unirmos e testarmos a eficácia e o poder do jejum que inaugura a guerra nos céus.

Quebrando o feitiço de Jezabel

O jejum prolongado pode produzir uma inovação onde outros métodos falham. A experiência de Elias com o jejum de quarenta dias é um exemplo claro disso. Elias acabara de testemunhar uma das demonstrações mais dramáticas do poder de Deus, mas, apesar dessa incrível vitória no Monte Carmelo, Jezabel ainda estava vivo, governando e dominando a cultura da terra. Furioso com a morte de seus profetas e sob a posse do espírito de Astarote, Jezabel amaldiçoou Elias, prometendo matar o profeta.

Nesse ponto, alguns comentaristas acreditam que Elias falhou em seu chamado, então o Senhor foi forçado a levantar outro em seu lugar. Não! É minha convicção que Deus usou a maldição de Jezabel para reposicionar o profeta solitário como pai de Eliseu e Jeú para liberar uma unção geracional que só poderia derrotar Baal.

O anjo do Senhor achou Elias exausto, à beira do colapso, e suicida. Depois de cozinhar o pão e alimentar o profeta, o anjo do Senhor disse: "Levanta-te e come, porque a jornada é grande demais para você." Então ele se levantou, comeu e bebeu; e ele foi na força daquele alimento quarenta dias e quarenta noites até Horebe, o monte de Deus" (1 Reis 19: 7-8).

Elias voltou ao mesmo lugar em que Moisés, gerações antes, havia cumprido seu próprio jejum de quarenta dias. Acredito que o jejum de quarenta dias foi uma promulgação da renovação da aliança e um ato de guerra espiritual contra as feitiçarias de Jezabel. O jejum quebrou a maldição de Jezabel e, ainda hoje, o jejum de quarenta dias ajudará a limpar e livrar-nos de sua bruxaria.

A certa altura, enquanto contemplava o significado de um jejum de quarenta dias em todo o país, fiquei surpreso ao ler o maravilhoso pequeno livro revelador de Francis Frangipane, The Jezebel Spirit, como em 1971 sua igreja foi levada a fazer um jejum de quarenta dias à guerra contra a bruxaria de Jezabel. Da mesma forma, Richard Gazowsky, em seu livro O

Profeta Sussurro, compartilha o significado de uma estratégia de quarenta dias que o Senhor lhe deu para quebrar os poderes das trevas. Enquanto orava com a esposa, olhando a Baía de São Francisco, a respeito de uma mulher que eles conheciam que estava sendo tentada com adultério, um enorme enxame de moscas se levantou das águas como se quisesse atacá-las. Foi tão bizarro que Gazowsky perguntou ao Senhor sobre esse evento estranho. O Senhor disse:

> "Eu vou lhe mostrar uma vulnerabilidade secreta no reino de Satanás. Sua fraqueza está nas moscas. "Mais tarde naquele dia, fomos à Biblioteca Pública Carmel e procuramos a palavra" voar
> "... Eu descobri que o significado de Belzebu, um dos nomes de Satanás, é "Senhor das moscas"... Os cientistas descobriram que as moscas têm um período reprodutivo que dura de quatro horas a mais de quarenta dias, dependendo da espécie. Quando os controladores de pragas vão erradicar as moscas em uma determinada área, pulverizam pesticidas todos os dias por um período de quarenta dias. Se eles destruírem os ciclos reprodutivos das moscas atualmente existentes, poderão matar toda uma geração de futuras moscas. *Vi então o que Deus estava tentando me mostrar. . . se um cristão orar consistentemente por um período de quarenta dias, poderá conquistar a maioria das fortalezas de Satanás em sua vida.*

A RAF

Uma casa de oração rival deve obter supremacia aérea sobre principados e poderes por meio de jejum e oração prolongados. Em julho de 2004, reunimos cinquenta jovens de todo o país em Colorado Springs para jejuar e orar dia e noite por 50 dias.

Deus nos dera uma tarefa de oração muito clara para orarmos pelo fim do aborto e para que fosse levantado um presidente pró-vida, que nomearia juízes pró-vida. No começo desses cinquenta dias, eu ensinei sobre o jejum de Daniel, de 21 dias, conforme descrito em Daniel 10.

Como vimos anteriormente, o jejum e a oração de Daniel inauguraram uma 74pirit no céu entre os arcanjos sagrados e o príncipe demoníaco da Pérsia. Este príncipe sombrio da Pérsia, um ser demoníaco invisível, é encontrado nesta 74piritu tocando cordas de marionetes sobre os reis terrestres da Pérsia, influenciando-os a promover políticas anti-semitas dirigidas contra os judeus. Daniel, profundamente preocupado com os assuntos de seu povo, começou a orar e jejuar por entender a situação.

Após vinte e um dias de batalha 74piritual, um poderoso arcanjo do céu, com a ajuda de Michael, o príncipe angélico de Israel, desalojou o príncipe demoníaco da Pérsia de sua posição de influência 74piritual sobre os reis humanos da Pérsia. O arcanjo chegou a Daniel com uma mensagem do céu:

> Não tema, Daniel, pois desde o primeiro dia em que você põe seu coração para entender e se humilhar diante de seu Deus, suas palavras foram ouvidas; e eu vim por causa de suas palavras. Mas o príncipe do reino da Pérsia resistiu a mim vinte e um dias; e eis que Michael, um dos principais príncipes, veio me ajudar, pois eu havia sido deixado ali sozinho com os reis da Pérsia (Dan. 10: 12-13).

Alguns comentaristas-chave dizem que as palavras: "Porque eu havia sido deixada sozinha com os reis da Pérsia" deveriam ser melhor traduzidas, "e permaneci lá (como vitorioso em um campo de batalha) sobre os reis da Pérsia." o jejum, em cooperação com o movimento angélico, mudou a política pública dos reis da Pérsia em favor dos judeus.

Depois de ensinar sobre Daniel 10, exortei os jovens com a declaração: "Você é a RAF—a Força Aérea Real. Winston Churchill disse sobre a RAF durante a Batalha pela Grã-Bretanha: "Nunca houve tanta coisa de tão a tão poucos." Você deve vencer a batalha espiritual sobre as eleições através do jejum e da oração, como Daniel conquistou sua vitória. Você saberá se venceu a batalha espiritual nos céus durante este período de intensa oração, se um presidente pró-vida for eleito e você saberá se perdeu se um presidente pró-escolha for eleito.

É de sua responsabilidade, juntamente com todos os santos que estão orando na América, prevalecer em oração sobre esta eleição pelo bem dos milhares de nascituros que essa eleição afetará."

A RAF era a Real Força Aérea da Grã-Bretanha. Quando Hitler varreu a Europa com sua máquina militar veloz como um raio, esmagando todos os inimigos e finalmente obrigando a França a se render, a principal barreira para uma aquisição europeia completa eram as Ilhas Britânicas. Hitler olhou para a subjugação militar do grande povo dessas ilhas.

Para tomar essas ilhas, era necessário que a Luftwaffe, a Força Aérea Alemã, ganhasse supremacia aérea e destruísse a Royal Air Force. Com a destruição da RAF completa, nada poderia impedir a máquina de guerra da Alemanha de varrer a Grã-Bretanha.

Foi nesse momento decisivo da história que a RAF, em menor número e em menor número de armas, se lançou contra as forças superiores da Luftwaffe. Dia após dia e semana após semana, com centenas de seus corajosos pilotos sendo mortos, a RAF continuou a suportar o grande ataque aéreo. As forças alemãs não conseguiram obter superioridade aérea e finalmente se retiraram de seu objetivo militar de destruir o Reino Unido.

O primeiro-ministro Winston Churchill ficou tão comovido com a posição ultrajante e sacrifical da RAF que proferiu ao general Ismay: "Não fale comigo. Nunca fiquei tão comovido. "Depois de alguns minutos, ele se inclinou para a frente e disse:" Nunca no campo do conflito humano se deve tanto a tantos a tão poucos. "Antes desta grande batalha, Churchill declarou: A batalha da Grã-Bretanha está prestes a começar. Membros da Royal Air Force, o destino das gerações está em suas mãos. "Eu havia dito o mesmo a esses jovens:" O futuro da América está em suas mãos. Você deve ganhar supremacia aérea nessas eleições. "

Na 47ª noite de contínua adoração e oração diurna e noturna, conheci David Manuel pela primeira vez. Ele é co-autor de uma trilogia de livros brilhantes sobre a história providencial da América. Não contei nada sobre minha profecia da RAF e pedi que falasse naquela noite com aqueles jovens.

No final de sua mensagem, ele de repente entrou no que eu sabia que era a palavra profética. Ele disse aos jovens intercessores: "Você é a RAF! Nunca foi tão devido a tantos a tão poucos! "Você podia sentir e quase ouvir o suspiro de espanto que reverberou através da sala. Esses jovens sabiam que o céu ouvira e que a história estava sendo feita. Um presidente pró-vida foi eleito, dois juízes pró-vida foram nomeados, e agora Roe v. Wade, o caso histórico de 1973 que legaliza o aborto, está sendo cercado por todos os lados.

Deus me deu um mandato de vida: levantar uma geração que se dedicará a um jejum prolongado e a uma oração por avanços contra as forças espirituais da iniqüidade nos lugares celestiais. A geração dos últimos dias, como descrita em Apocalipse 12, comandará a supremacia aérea de modo que Satanás perderá sua posição no céu e será lançado na terra porque ele não será forte o suficiente para resistir por mais tempo. Mais uma vez, a voz de Jesus será ouvida em todos os lugares onde a escuridão e a injustiça se orgulham de seu domínio, dizendo: "Vi Satanás cair como um raio".

CAPÍTULO 8

O JEJUM PARA LIBERTAÇÃO

Então os discípulos foram a Jesus em particulare disseram: "Por que não pudemos expulsá-lo?"Então Jesus lhes disse: "Por causa dev sua incredulidade... Esse tipo não sai senão por oração e jejum...
Mateus 17:19-21

Em 2003, antes do TheCall no Rose Bowl em Pasadena, eu mobilizava pastores e jovens líderes hispânicos. Após a reunião, um jovem líder latino-americano veio até mim e disse que nunca tinha ouvido falar do TheCall antes, mas o nome de seu ministério era The Call. Ele a recebeu uma noite através de um sonho. No sonho, ele viu jovens caindo nesses fogos e águas devastadores e destrutivos. Os incêndios foram imoralidade sexual e profunda perversão. As águas estavam deprimindo e afogando com a morte. Ele viu suicídio, drogas, bruxaria e os cordões da morte destruindo essas preciosas vidas.

A cena era tão sombria que ele se viu tentando sair do sonho. Enquanto tentava sair, ouviu uma voz audível: "As respostas para essa escuridão só serão encontradas em Mateus 17." Eventualmente, ele voltou a dormir e sonhou exatamente o mesmo sonho ao ouvir a mesma voz audível. A resposta para essa escuridão será encontrada apenas em Mateus 17."

Pela terceira vez, ele sonhou o mesmo sonho seguido pela mesma mensagem. Ao acordar após o terceiro sonho, ele imediatamente se voltou para Mateus 17. O jovem ficou surpreso além do espanto. Ele descobriu que Mateus 17 era a história de como o filho de um pai era possuído por um demônio que jogou o menino no fogo e nas águas. Os discípulos não podiam expulsar o demônio. Jesus repreendeu o demônio e libertou o menino. Quando perguntado por seus discípulos por que eles não podiam expulsá-lo, Jesus respondeu: "Por causa de sua incredulidade. . . este tipo não sai senão por oração e jejum" (Mt 17:20-21).

Fiquei impressionado com a natureza gráfica do sonho desse jovem em descrever com tanta precisão a realidade espiritual de Mateus 17. Ao refletir sobre o encontro desse jovem, fiquei atraído pelo início do capítulo. O capítulo começa com a transfiguração de Jesus com Elias e Moisés na montanha. Todos os três homens jejuaram por quarenta dias. Moisés jejuou por quarenta dias, viu a glória de Deus e libertou uma nação inteira dos demônios do Egito. Elias jejuou por quarenta dias, quebrou o poder da bruxaria de Jezabel e ungiu a próxima geração com uma porção dupla de seu espírito profético. A adoração a Baal foi abatida e o altar de Baal tornou-se uma latrina. Jesus jejuou por quarenta dias e quebrou o poder do próprio Satanás e através de Sua morte e ressurreição destruiu as obras do diabo. Através da oração e do jejum, também expulsaremos os poderes da morte de uma geração!

É mais do que interessante para mim que o único jejum registrado que Jesus já fez foi um jejum de quarenta dias. Será que o jejum global de quarenta dias começará a destruir os poderes da morte, doença, doença e insanidade sexual durante a próxima geração?

O segundo jejum que lembro de ter feito na vida foi um jejum de dez dias, orando com meu amigo pelo poder de livrar as pessoas da opressão demoníaca. Durante dez dias jejuamos, orando por uma coisa: a unção para expulsar demônios. No décimo dia, meu pastor Che Ahn me ligou e disse: "Venha orar comigo por uma pessoa que precisa de liberdade." Fui com ele.

De repente, no meio de nossas orações por essa jovem, os demônios começaram a se manifestar violentamente. Nesse mesmo momento, o poder de Deus invadiu aquela sala, quando ordenamos que o espírito fosse embora. Foi uma libertação quase instantânea! Por semanas, os demônios se manifestariam e seriam expulsos quando oramos pelos outros. Percebi que o jejum prolongado é a chave do poderoso poder de libertação! A Igreja não usará esta poderosa arma onde as trevas enchem a terra?

Se nosso Mestre jejuou por quarenta dias, venceu Satanás e libertou os cativos, a Igreja não deveria, com um poderoso ataque unificado à cidadela do inferno, se valer dessa arma? Está na hora da metodologia apostólica para o poder apostólico!

A história de Stevie

Em seu excelente livro, O Poder Oculto da Oração e do Jejum, Mahesh Chavda conta uma história comovente sobre tocar uma criança quebrada através da oração e do jejum. É outro exemplo do poder do jejum e da oração para libertar cativos do poder das trevas. Na época, Mahesh trabalhava em um hospital para crianças com deficiência mental em Lubbock, Texas.

Nunca esquecerei o dia em que conheci um garoto de 16 anos, a quem chamarei de "Stevie". Stevie foi vítima da síndrome de Down, uma forma moderada a grave de retardo mental, geralmente caracterizada por capacidade mental reduzida e certas deformidades físicas. Stevie estava aflito com algo ainda pior. Ele era um auto-mutilador que era levado a chorar e a bater na cara constantemente.

O psicólogo da escola obteve permissão das autoridades estaduais em Austin, Texas, para administrar terapia de choque elétrico a Stevie por um período de seis meses. . . administrando choques elétricos a qualquer momento em que ele se vencesse. Ele ficou cada vez pior em vez de melhor. Quando eu estava lá, seu rosto parecia pele de jacaré seca, porque ele se batia continuamente.

Por fim, os atendentes amarraram as mãos de Stevie em talas para que ele não pudesse dobrar os braços para alcançar seu rosto. O único problema era que as outras crianças em sua ala do dormitório desenvolveram um novo jogo quando descobriram que as mãos de Stevie estavam presas ao seu lado. Eles gostavam de correr atrás dele e empurrá-lo com tanta força que ele perderia o equilíbrio e cairia.

Como Stevie não podia mais instintivamente proteger o rosto com os braços por causa das talas, toda vez que as crianças da enfermaria jogavam seu jogo e o empurravam, Stevie aterrissava de bruços no chão sem nenhuma maneira de se proteger ou suavizar o patamar. Na maioria das vezes nós o encontramos com sangue escorrendo do nariz, lábios e boca. Sempre que eu vinha, Stevie podia sentir o amor de Deus vindo de mim e ele colocava a cabeça no meu ombro e apenas chorava.

Finalmente eu disse: "Senhor, você me disse que me enviou aqui para amar essas crianças. Qual é a resposta para Stevie? "Muito claramente, ouvi a voz do Espírito Santo dizer:" Esse tipo não se manifesta, mas pela oração e pelo jejum." Embora essa possa ser uma escritura muito familiar para você, parecia totalmente estranha para mim. Eu freqüentava uma universidade bíblica por quatro anos e obtina meu diploma de bacharel lá, mas nem sabia que o Espírito estava me citando uma passagem das escrituras de Mateus 17:21!

Outra coisa que não aprendi durante meus quatro anos de treinamento na escola bíblica foi o assunto do jejum. Eu disse: "Jejuar - isso não significa comida e água?". Então não comi e não bebi água ou Coca-Cola ou qualquer outra coisa. Também não sabia que, quando você fica sem água, suas prioridades mudam. No terceiro dia do meu jejum sem água, comecei a ficar com ciúmes toda vez que ouvia alguém lavando as mãos na pia do banheiro!

No quarto dia, o Senhor falou comigo e disse: "Você pode beber", então comecei a beber água. Mas não interrompi o jejum até o décimo quarto dia e o Senhor disse: "Agora ore por Stevie." Quando cheguei para o meu turno na escola naquele dia, levei Stevie para o meu pequeno cubículo de escritório e disse: "Stevie, eu sei que a sua mente pode não entender o que estou dizendo, mas seu espírito é eterno. Quero lhe dizer que sou um servo do Senhor Jesus Cristo. Eu vim para pregar boas notícias para você. Quero que saiba que Jesus Cristo veio para libertar os cativos."

Então eu disse: "Em nome de Jesus, seu espírito maligno de mutilação, deixe-o ir agora em nome de Jesus." De repente, o corpo de Stevie foi arremessado a cerca de um metro e meio de distância de mim e atingiu a outra parede do cubículo! Quando Stevie bateu na parede, seu corpo estava elevado cerca de um metro acima do chão, e então ele deslizou para o chão e soltou um longo suspiro. Imediatamente, senti um cheiro desagradável de ovos podres e enxofre em chamas no quarto, que gradualmente desapareceu.

Eu rapidamente fui para Stevie, aninhei-o em meus braços e tirei suas talas enquanto ele observava com os olhos arregalados. Então Stevie começou a dobrar os braços e gentilmente sentir seu rosto. Eu o observei tocar suavemente seus olhos, nariz e ouvidos; então ele começou a soluçar. Ele havia percebido que, pela primeira vez, não estava sendo levado a se bater. Ele estava tocando seu rosto gentilmente e fora entregue! Naquele momento inesquecível, o Senhor me revelou que arma poderosa ele nos deu para derrubar fortalezas e libertar os cativos. Dentro de alguns meses, todas as crostas caíram do rosto de Stevie. Ele começou a se curar porque havia parado de se bater.

Anos atrás, eu estava falando sobre o casamento entre um homem e uma mulher. De repente, um jovem lutando para se libertar do desejo do mesmo sexo se levantou e me interrompeu com este desafio: "Você não tem o direito de dizer à comunidade LGBTQ que eles não podem ter seus direitos civis, a menos que você possa lhes proporcionar a verdadeira liberdade que o evangelho promete. ! "Eu senti que era uma repreensão para mim e para a Igreja. Talvez as leis que estão sendo aprovadas e as decisões judiciais que estão ameaçando nossas liberdades religiosas estejam acontecendo porque não manifestamos o poder libertador de Jesus para aqueles que desejam ser livres. Recentemente, em um jejum longo, vi em um sonho uma mensagem entregue em uma fita que dizia: "Você disse que nos entregaria 418." Ao acordar, era como se eu pudesse ouvir o gemido daqueles que clamam por liberdade e exigem um novo desenrolar do rolo de Jesus em Lucas 4: 17-18.

E o rolo do profeta Isaías foi entregue a ele. Desenrolando-o, ele encontrou o local onde está escrito: "O Espírito do Senhor está sobre mim, porque ele me ungiu para proclamar boas novas aos pobres. Ele me enviou para proclamar liberdade para os prisioneiros e recuperação da visão para os cegos, para libertar os oprimidos."

O desenrolar do rolo de Jesus foi precedido pelo jejum de quarenta dias. Está na hora de mais uma nova manifestação de Lucas 4:18 na terra. Os que estão presos na escuridão exigem isso! É hora de entrar no jejum de Jesus, a fim de obter a autoridade espiritual necessária para libertar as pessoas.

Arthur Wallis, em seu livro significativo, *God's Chosen Fast*, conta a história de um homem na China que foi libertado do vício em ópio. Ele jejuou tanto que ganhou um lugar de autoridade espiritual. Nenhum demônio do vício em ópio poderia estar diante dele. Pessoas de todo o mundo foram libertadas. Ele mudou seu nome para Sheng Mo, significando o Conquistador de Demônios. Deus, mais uma vez, levantou uma geração através do jejum e da oração que poderia se chamar Conquistadora de Demônios!

CAPÍTULO 9

O JEJUM QUE DESENROLA O SEU ROLO

Muitos de nossos sonhos são mensagens do céu, mas fomos ensinados que os sonhos são meros pensamentos sem sentido brotando de alguma névoa subconsciente dentro de nós. Não! Sonhos são a língua dos últimos dias do Espírito Santo.

Imagine que em sua juventude você teve um sonho, uma visão ou ouviu a voz de Deus revelando o Seu destino divino para sua vida. Suponha que uma visão noturna lhe chegue mostrando seu caminho e seu objetivo, uma constelação guia iluminando sua estrada de destino imponente. Em vez de se debater na vida em frustração, incerteza e confusão, você teria descoberto um tipo de projeto, um mapa de navegação para sua jornada de vida.

Em vez de explorar incessantemente feiras de emprego, fazer avaliações de personalidade na carreira ou mudar de emprego em emprego, você viveria com uma confiança profunda e alegre e com uma garantia pacífica, porque no sonho havia recebido o anel oficial de filiação e chamado de Deus. Melhor ainda, você acordou com admiração que o Espírito Santo e seus anjos da guarda estavam agora com você para ajudá-lo em sua jornada e até mesmo serem os garantidores do maravilhoso futuro e cumprimento da visã Talvez tenha sido o que aconteceu na sua vida. Se assim for, isso é incrível! Mas para a maioria das pessoas, esse não é o caso. Para a maioria de nós, todos nós passamos pelo mesmo processo de tentar nos encontrar. Conversamos com pais, amigos da família e conselheiros de admissão que nos dão o melhor palpite sobre em que seremos bons e o que nos fará prosperar. Somos atraídos para programas baseados em valores externos e estruturas sociais fadadas ao fracasso. Esses programas são criados para nos levar a carreiras que nos permitirão comprar casas, ter filhos e criar planos de aposentadoria para talvez um dia se aposentar em algum refúgio confortável ou moradia exótica. Embora essa busca por objetivos da "linha de montagem" tenha boas intenções e possa ser útil, ela também tem uma futilidade embutida. Como esses planos são criados externamente, eles são inerentemente desprovidos do sobrenatural e contornam o plano personalizado que o Autor e Consumador de nossa história de vida previu para nós antes mesmo de termos sido concebidos.

O sistema de valores criado por esses roteiros objetivos de sucesso levará inevitavelmente a futilidade e decepção até o final de nossas vidas. No entanto, por falta de outra opção percebida, é assim que a maioria de nós vive. Amigos, Deus tem um caminho melhor! Eu chamo dessa maneira melhor: "Desenrole seu pergaminho na busca da visão!"

Em 1999, eu orei: "Como posso transformar a América de volta a Deus?" Esta se tornou a oração definidora de toda a minha vida. Deus respondeu a essa oração quando uma mulher veio até mim e disse: "Você não me conhece, mas o Senhor me disse para pagar seu salário este ano, porque você começará algo com os jovens da América em oração que ajudará a transformar o mundo. nação de volta a Deus." Ela pagou meu salário por quinze anos e deu origem ao movimento de TheCall.

Alguns meses depois que ela falou comigo pela primeira vez, tive um sonho em que fiquei impressionada com a impossibilidade de ver a América voltar para Deus. No sonho, um rolo de papel rolou diante de mim com a escritura Lucas 1:17.

Li estas palavras escritas no pergaminho: "Ele seguirá diante do Senhor no espírito e poder de Elias, para converter o coração dos pais aos filhos e os rebeldes à sabedoria dos justos".Quando acordei, o Senhor falou comigo: O que estou derramando na América é mais forte do que a rebelião! "Naquele momento, eu sabia que Lucas 1:17 era o pergaminho que Deus havia escrito com o TheCall incluído nela. Acredito que Deus escreveu em Seu livro que TheCall seria um movimento do tipo João Batista que ajudaria a preparar o caminho da vinda do Senhor para a América em um grande avivamento. Nas últimas duas décadas, reunimos centenas de milhares em campos, arenas e estádios para jejuar e orar, acreditando que isso levaria a um momento em que, como João Batista, declararíamos: "Eis! O Cordeiro de Deus que tira o pecado do mundo" (João 1:29)! Então, o rolo de Lucas 4:18 de Jesus seria desenrolado.

Nesse sonho de destino que altera a vida, Deus me mostrou Sua intenção para minha vida e ministério enquanto eu lia o rolo que se desenrolava diante de mim. Davi disse no Sl. 40: 6-7,

> Sacrifícios e ofertas não quiseste; abriste os meus ouvidos; holocaustos e ofertas pelo pecado não requires. Então, eu disse: eis aqui estou, no rolo do livro está escrito a meu respeito; agrada-me fazer a tua vontade, ó Deus meu.

Quando os ouvidos de Davi se abriram, quando ele, por revelação, descobriu o que Deus havia escrito em seu pergaminho de destino antes de ser concebido, ele poderia proclamar: "Eis que eu venho!" Isso não é arrogância. Isso é filiação! Ele sabia quem ele era, e poderia entrar ousadamente na terra para fazer a vontade de seu pai.

Da mesma forma, Deus abriu meus ouvidos no sonho de Lucas 1:17 que me mostrou meu pergaminho. Conhecendo os dias que meu Pai Celestial havia ordenado para mim, eu podia entrar com confiança no mundo e dizer: "Eis que venho!" Este encontro tornou-se uma âncora para minha vida e me permitiu perseverar e continuar acreditando em Deus na fé, Encontro dias ensolarados ou sou levado por uma tempestade como os discípulos.

Não posso exagerar o valor de receber uma escritura reveladora, um sonho divino ou uma visão orientadora para sua vida. EnNão posso exagerar o valor de receber uma escritura reveladora, um sonho divino ou uma visão orientadora para sua vida. Tantas vezes as pessoas dizem: "Foi apenas um sonho." Apenas um sonho? Quem sabe o quanto um mensageiro do céu teve que lutar para transmitir essa mensagem. Muitos de nossos sonhos são mensagens do céu, mas fomos ensinados que os sonhos são meros psicobranqueados ou apenas pensamentos sem sentido brotando de alguma névoa subconsciente dentro de nós. Não! Sonhos são a língua dos últimos dias do Espírito Santo.

> E acontecerá nos últimos dias, diz o Senhor,, que derramarei do Meu Espírito sobre toda a carne. . . vossos jovens terão visões, e vossos velhos sonharão sonhos (Atos 2:17).

Deve haver uma rejeição ao cinismo e uma recuperação do sentido do sagrado quando se fala em comunicação dos sonhos. Sim, vamos sempre testar um sonho para ver se ele se alinha e não contradiz as Escrituras, mas não devemos roubar a nós mesmos ou a nossos filhos um genuíno encontro com o Espírito Santo, apenas porque nossas lentes espirituais foram borradas ou quebradas por uma cosmovisão materialista, em vez de terem sido iluminadas de modo sobrenatural por uma cosmovisão bíblica.

Um paraíso beneficente não afastaria ninguém em uma missão de visão que visse conhecer o plano personalizado do céu para suas vidas. Quem entra no deserto de jejuar e orar, abandonando tudo por essa pérola de grande valor, não será desapontado.

> Quanto mais vosso Pai, que está nos céus, dará bons presentes àqueles que Lhe pedem? (Mateus 7:11)

Até os nativos americanos, desconhecendo a graça salvadora encontrada em Jesus Cristo, conheciam o valor dos sonhos que definem a vida. Os rapazes, se esforçando para se tornarem guerreiros, se aventuravam no deserto e jejuavam por dias, a fim de receber algum tipo de encontro espiritual que guiaria suas vidas. A tribo Lakota tinha uma música que era assim:

> Você não pode me prejudicar, não pode prejudicar alguém que sonhou um sonho como o meu.

Embora a busca deles tenha sido equivocada, como estavam sem Cristo, eles sabiam que receber uma experiência espiritual e orientação vocacional por meio do jejum daria um propósito maior a suas vidas. Nós, no Ocidente, jogamos fora as chaves que outras religiões usaram para desvendar segredos espirituais, embora devamos lembrar que a revelação que não venha por meio de Cristo leva ao engano e às trevas. Milhões de muçulmanos jejuam durante o mês do Ramadã; na 28ª noite, pedindo a Allah que lhes dê sonhos do seu destino.

Eles chamam aquela noite de Noite do Poder, ou Noite do Destino. Muitos têm encontros e muitos têm visitas de Jesus, o homem vestido de branco. Enquanto grande parte da Igreja descarta essa forma de revelação como engano e superstição, a cultura muçulmana está mais próxima da cultura oriental da Bíblia do que a cultura ocidental do modernismo e naturalismo. Precisamos recuperar a mentalidade oriental dos hebreus, que acreditavam que Deus falava com eles em sonhos e visões.

> Os teus olhos viram minha substância ainda não formada. E no teu livro todos eles foram escritos, os dias criados para mim, quando ainda não havia nenhum deles. (Salmo 139:16)

Deus conhecia Davi antes mesmo de existir, e também conhecia você! Além disso, Deus tem um livro onde Ele escreveu Seu plano para todos os dias da sua vida. Este livro foi escrito sobre você antes mesmo de pisar neste planeta. Até o próprio trabalho de nossas vidas foi preparado para nós pelo Senhor, como mostrado em Ef. 2:10.

> Pois somos a Sua obra, criada em Cristo Jesus para boas obras, que Deus preparou de antemão para que andássemos nelas.

Então, como você encontra seu pergaminho e o que Deus escreveu nele? Como você desbloqueia o plano divino de Deus para a sua vida, feito sob medida apenas para você? Lucas 4 é o modelo de protótipo de Deus para um homem ou mulher encontrar e entrar em seu destino. Jesus foi batizado no rio Jordão e foi imediatamente levado pelo Espírito ao deserto para jejuar por quarenta dias. Ele saiu do jejum no poder do Espírito, pregando com poderosos sinais e maravilhas a seguir. Ele estava cumprindo o próprio pergaminho escrito sobre ele em Isaías 61.

O dele é o protótipo para o desenvolvimento do seu próprio pergaminho! Seja batizado no amor de Deus e ouça a voz dele de que você é Seu filho amado! Então vá para o deserto em jejum prolongado. Procure o rosto de Deus e faça uma missão de visão. Peça sinceramente ao seu Pai Celestial que desenrole seu pergaminho. Peça sonhos, devore as Escrituras e depois saia da Palavra e dessas visões em cuidadosa obediência à voz do Senhor. O jejum prolongado abriu o pergaminho de Jesus, e é um dos métodos prescritos por Deus para desenrolar seu pergaminho, o que já foi escrito no céu sobre você.

Em 2018, na costa central da Califórnia, um novo pergaminho começou a se desenrolar diante de mim, não o meu pergaminho, mas o pergaminho do grande libertador, Jesus. Muitos em toda a Califórnia jejuaram por quarenta dias. Estávamos no Healing Rooms em Santa Maria, onde terminamos o jejum no dia 9 de abril. Naquela época, meu amigo intercessor Paul Amabile teve um sonho em que eu estava apertando o cinto dez pontos. No sonho, perguntei se alguém estava disposto a prolongar o jejum por mais dez dias.

Paul Cain morava em Santa Maria e, quando o encontramos, ele falou da profecia de sua mãe Anna Cain. Ela disse ao filho Paulo que o Senhor tinha uma última palavra profética para lhe dar antes de morrer.

Ela disse que seria a profecia mais importante que ela daria ao filho e ao mundo inteiro. Então ela entrou em coma. Semanas se passaram. De repente, uma noite, Anna acordou do coma para dizer: "Paulo, o Senhor vai liberar sua vida e o Corpo de Cristo em todo o mundo—Lucas 4:18."

Depois de profetizar, ela voltou ao coma e depois faleceu. Meu amigo Mike Bickle, que estava lá com Paul, observou que ela faleceu em 18/04 às 16h18. Percebemos que os dez dias de aperto do cinturão a partir de 9 de abril terminariam em 18 de abril de 4/18. Por dez dias, centenas se reuniram, orando para que o rolo de Lucas 4:18 de Jesus fosse desenrolado sobre toda a terra. Está na hora! Você começaria a orar pela manifestação completa do rolo de Lucas 4:18 de Jesus na terra?

O primeiro rolo que o Senhor me deu foi o rolo de João Batista de Lucas 1:17. Após vinte anos de jejum e oração para que o pergaminho seja cumprido com o TheCall, estou agora obrigado a dar os próximos vinte anos da minha vida, se Deus quiser, a jejuar e orar pela manifestação do pergaminho de Jesus—Lucas 4:18. Se eu vi o preenchimento do primeiro pergaminho nessa medida, por que não acredito que vou ver o preenchimento do segundo pergaminho? Pois as últimas palavras de João não foram "Preparem o caminho do Senhor", mas "Eis! O Cordeiro de Deus que tira o pecado do mundo! "Se algum dia o rolo de Jesus for lançado em plenitude à Terra, nenhuma doença mental estará diante da Igreja. Vícios e demônios vão fugir e todas as doenças e enfermidades serão curadas. As cidades serão abaladas. Que a Igreja jejue em todo o mundo pelo desenrolar do rolo de Jesus!

Jejuns prolongados têm sido a pista de pouso para a revelação do destino em minha vida. Descobri que no pergaminho que Deus escreveu sobre mim, os sonhos eram como títulos de capítulos, apontando o meu futuro. Esses sonhos se tornaram gráficos de navegação para minhas futuras configurações de curso. Os sonhos são como os espias que espiaram a Terra Prometida por quarenta dias antes da entrada dos israelitas. Em jejum prolongado, mesmo por quarenta dias, Deus pode lhe mostrar sua terra prometida através dos sonhos do destino. Encorajo-vos, durante o seu jejum, a clamar a Deus pelo desenrolar do seu pergaminho e que Ele lhe daria sonhos para revelar a você seu propósito! Você entrou na aventura mais emocionante da sua vida. Você está em uma missão de visão!

CAPÍTULO 10

O JEJUM DA TRANSFERÊNCIA ENTRE GER-AÇÕES

Nós ensinamos os nossos filhos a comer e brincar; os tempos exigem que jejuem e orem!

O jejum de quarenta dias deve nos levar de volta ao local original da aliança. O jejum de quarenta dias de Elias não apenas quebrou o poder da intimidação e influência de Jezabel, porém mais do que isto, preparou-o para receber a comissão mais importante de sua vida: ungir Eliseu. Enquanto antes, o Senhor estava no fogo no Monte Carmelo, agora na montanha "o Senhor não estava no fogo". Ele estava no sussurro silencioso e profético. Temos que entender que nossas batalhas e nossas vitórias ou derrotas são multigeracionais. Sem Eliseu, o filho de porção dobrada, a comissão de Elias de devolver a nação a Deus e livrar a terra da adoração a Baal permaneceu inacabada. Filhos e filhas terminam o trabalho de seus pais. Aqui é onde nós sentimos falta antes. A queima rápida do avivamento não é suficiente. Uma geração recebe o derramamento de avivamento, mas o perde na geração seguinte. Devemos ter a rápida queima do avivamento e a lenta queima da geração seguinte. Entre o fogo e a paternidade, está o jejum de quarenta dias de Elijah. Não acredito que o avivamento que desejamos venha nos Estados Unidos sem jejum prolongado.

É interessante que Moisés jejuou por quarenta dias e teve um filho espiritual chamado Josué, que significa "o Senhor é a salvação". Elias jejuou por quarenta dias e teve um filho de porção dobrada, Eliseu, que significa "o Senhor salva". E João o Batista jejuou ao longo de sua vida e preparou o caminho para o maior Filho de porção dobrada, Jesus, que significa "o Senhor é a salvação". Será que o jejum de quarenta dias produzirá uma geração de evangelistas de porção dobrada que colherão a colheita mundial?

No caso de João e Jesus, o pai espiritual e o filho de porção dobrada jejuaram por quarenta dias. Esse padrão também é válido em nossos dias. O jejum de Franklin Hall precedeu diretamente a libertação dos grandes filhos do evangelismo: Billy Graham, T.L. Osborn e muitos outros. Mesmo na minha vida, observei o efeito do jejum de Bill Bright em criar filhos e filhas que agora estão sendo muito usados por Deus. O jejum de quarenta dias é a chave para desencadear e liberar os grandes evangelistas.

Ao chamar você e o mundo a este jejum, uma parte do meu objetivo é chamar duas gerações para uma temporada de quarenta dias de jejum de comida (de acordo com a capacidade de cada pessoa) e de televisão, jogos de computador e mídia social, para limpar nós mesmos dos efeitos do espírito que nos seduz à imoralidade sexual, ganância, dependência de entretenimento e mal-estar espiritual.

O que aconteceria nas nações se, por quarenta dias, selássemos o esgoto eletrônico cultural que flui todas as noites em nossas salas de estar, através de nossos telefones celulares e iPads, para gastar nossa força buscando o Senhor? E se dezenas de milhares de pais e mães espirituais em todo o país jejuassem por quarenta dias, se arrependendo e se purificando de toda tolerância interior à imoralidade sexual, dependência de comida e entretenimento, fechando as janelas do inferno em suas casas? Que esses pais orem diariamente por quarenta dias para que seus filhos físicos e espirituais rompam a rebelião e libertem-se dos vícios, libertem-se dos demônios, curem as deficiências e sejam esperança para os deprimidos e suicidas.

O que aconteceria se uma geração jovem de Eliseus jejuasse por quarenta dias para ser purificada da luxúria, vício em TV, pornografia, mediocridade espiritual e rebelião contra seus pais, acreditando que uma porção dobrada do Espírito Santo repousaria em suas vidas?

Tive o privilégio de experimentar o poder desse princípio de jejum e transferência entre gerações com meu próprio filho Jesse. Eu posso te dizer que funciona!

História de Jesse

"A América está recebendo seus apóstolos, profetas e evangelistas, mas ainda não viu os seus nazireus!" Essas palavras audíveis e trovejantes me sacudiram do sono às quatro horas da manhã de janeiro de 2000. Era Deus. Foi uma promessa. Foi sua resposta explosiva à fome do coração do desejo de uma criança de 13 anos de estar completamente separada de Deus. Aquele jovem era meu filho Jesse. Naquela noite, ele me procurou expressando fervorosamente seu desejo de ser nazireu até o TheCall DC, uma enorme reunião de oração que ocorreria no final daquele ano em setembro. Ele me disse que não queria cortar o cabelo até o TheCall. Ele queria jejuar por quarenta dias com sucos e vitaminas. Ele estava determinado que, após o jejum, ele não comeria carne ou doces até o TheCall. Ele disse: "Pai, eu não quero jogar beisebol este ano"—ele foi o melhor arremessador do time —"tudo o que eu quero fazer é andar junto com você, pai, e orar pelo avivamento na América."

Eu fui para a cama naquela noite pensando em que resposta eu deveria dar a um pedido tão extremo. Não tive que pensar muito. Deus me respondeu. Era quase como se Ele não pudesse se conter. Ele não podia esperar o amanhecer para dar sua própria resposta. Ele estava procurando por alguém.

Ele perseguia calorosamente um coração completamente abandonado, sobre o qual pudesse enviar Seu fogo sagrado. Ele havia encontrado o seu nazireu.

Jesse e eu jejuamos por quarenta dias juntos. Oito meses depois, em 2 de setembro de 2000, no TheCall DC, quando 400.000 jovens se reuniram em Washington, DC, não para um festival, mas para um jejum,

Jesse ficou naquele grande palco e clamou a Deus que os nazireus surgissem na América. Quando ele orou, foi como se suas palavras articulassem o que já estava subterraneamente roncando sob a superfície da alma de toda uma nova geração. Quando ele gritou: "Libere os nazireus, deixem os cabelos compridos surgirem!", Era como se uma erupção vulcânica ocorresse. Sua oração lançou um rugido no National Mall, e o vídeo dessa oração vazou para as Filipinas, onde catalisou 150.000 filipinos para se reunirem em jejum e oração! Ele se espalhou por todo o sudeste asiático e tocou o mundo. Acredito que quando Jesse e eu jejuamos juntos em um jejum multigeracional, isso se tornou o catalisador de uma mudança de Deus na América e além. Que Elias se levante para mais uma vez esticar-se em oração para ressuscitar uma geração dentre os mortos. Elias jejue por quarenta dias e unja uma geração de filhos e filhas de porção dobrada nos últimos dias, para que o trabalho seja realizado. Toda a terra está gemendo pela manifestação dos filhos de Deus. E assim como Jesus foi manifestado como Filho de Deus depois do jejum de quarenta dias, assim uma geração dos filhos de Deus se manifestará através do jejum de quarenta dias.

CAPÍTULO 11

VOCÊ PODE ESCALAR ESTA MONTANHA

A oportunidade de uma vida deve ser aproveitada dentro da vigência da oportunidade.

Leonard Ravenhill

Recentemente, a esposa do jovem que me ajudou a escrever e editar este livro teve um sonho em que estava lutando para escalar uma montanha muito difícil e íngreme. Ela olhou para cima e me viu acima deles na montanha, chamando e encorajando-os a subirem o topo da montanha. Este jovem estava com vontade de jejuar. Eu disse a ele: "Acho que a montanha é a montanha do Senhor. Moisés jejuou por quarenta dias na montanha do Senhor e Elias jejuou por quarenta dias na mesma montanha. Acho que o Senhor quer que você suba à montanha do Senhor e jejue por quarenta dias." Ele tinha acabado de beber água e suco rapidamente no momento em que estávamos terminando este livro. Deus mudou sua vida. Ele descobriu seu pergaminho. O jejum de quarenta dias pode ser feito e as recompensas são muito grandes.

Muitos que estão lendo este livro podem ser instigados a entrar nos quarenta dias, mas ficam assustados com a altura de tal empreendimento de escalada. Compreendo. Paulo se gabou de falar em línguas mais do que todos vocês.

Minha reivindicação à fama é que eu quebrei mais jejuns do que todos vocês. É incrível que, no momento em que você comece a jejuar, essa linda caixa rosa de rosquinhas apareça no escritório e, imediatamente, você comece a pensar: "Começarei meu jejum ao meio-dia".

Uma vez eu estava em jejum, mas depois de três dias fiquei cansado do jejum. Lá na minha cozinha (fique longe da cozinha enquanto jejuava), olhei para os dois lados para ver se minha esposa estava assistindo e depois secretamente comi iogurte e batatas fritas. Tinha um sabor tão bom! Qualquer coisa é gostosa quando você está em jejum. No dia seguinte, eu estava sentado em nossa casa de oração em Pasadena, quando uma dama intercessora profética - uma dama assustadora! - entrou. Ela me viu e disse: "Eu sonhei com você ontem à noite e no sonho em que você estava sentado. exatamente onde você está sentado agora." Pensei "Que maravilha! Deus sabe o meu endereço!" Então ela continuou: "Mas no sonho fiquei muito decepcionada com você porque você deveria estar em jejum, mas estava comendo iogurte e batatas fritas!" De repente, tive uma nova motivação para jejuar. Louco! Você provavelmente está rindo histericamente ou em choque. Eu estava em choque. Não tenho certeza se Deus estava brincando comigo, dizendo: "Estou observando você!" Ou se Ele estava falando comigo, sobriamente, sobre meu chamado e compromisso de tratar o jejum com muita seriedade por causa das grandes implicações disso tudo. Provavelmente, o último pode estar mais próximo da verdade, mas na experiência senti o olhar amoroso e cheio de graça de Deus.

Eu compartilho isso com você para desmantelar quaisquer mitos de que eu ou qualquer outra pessoa seja um super-herói espiritual. Existem alguns, tenho certeza. Mas eu sou como você. O jejum prolongado não é apenas para o 'Homem de Deus', mas sim para todos os santos normais. Todos nós lutamos com a nossa carne. Muitas vezes, vacilei em jejum e me senti com vergonha. Não caia nessa. Deus ama o fato de que você deseja jejuar. Seu pequeno "sim" move o coração de Deus. Se você vacilar, levante-se e continue com o coração cheio de fé. A face do céu brilha em você.

E se você continuar vacilando, talvez a graça não esteja lá. Coma e beba, sabendo que você nunca pode merecerr o amor de Deus. É gratuito e maravilhoso. Seja em jejum ou banquete, faça isso com fé no Senhor. Não há fracasso no jejum. O jejum não é o quão bem você jejum, mas você entrou no jejum com fé? Em um jejum prolongado que fiz recente, não pude sustentá-lo na água. Eu comia um pouco de comida todos os dias. Mas no dia final, Deus apareceu de uma maneira incrível e me deu Seu plano para a minha próxima temporada. A fé veio.

Não estou diminuindo o chamado para ser radical na sua sujeição à carne. Jesus não sucumbiu à tentação. Eu so estou querendo manter você longe do poço da condenação. Jesus foi crucificado entre dois ladrões. Por um lado, há o perigo do orgulho demoníaco e farisaico, porque você jejuou por muito tempo e bem. Por outro lado, Satanás se levanta e o acusa de seu fracasso. Fique na cruz—no centro da verdade e graça de Deus. Quero encorajar você dizendo-lhe que há uma graça em jejuar, quando o céu o moveu e liberou uma divina capacitação para você jejuar. Gostaria de encorajá-lo a pedir essa graça, o espírito de graça e súplica.

Um jovem veio até mim e disse: "Nunca jejuei antes, mas quando ouvi você pregar sobre esse assunto, meu coração ardeu de fé. Ore por mim para receber a graça de jejuar por quarenta dias com água. Simplesmente orei: "Senhor, libere a graça deste homem pelo jejum de Jesus".

Ele veio a mim mais tarde e disse: "Lou, foi incrível! Eu literalmente não conseguia comer por quarenta dias. O céu era tão real!" Ele fez três jejuns diferentes de quarenta dias no próximo ano e meio. No último, ele veio até mim dizendo que tinha visto os mortos ressuscitarem! Oh Deus, liberte a graça de jejuar sobre este leitor e sobre a terra!

Eu não incentivaria todos a fazer jejuns de água por quarenta dias. De fato, insisto que você seja guiado pelo Espírito Santo.

Alguns que não jejuaram sabiamente ou quebraram o jejum muito rapidamente se machucaram. Alguns podem querer fazer jejuns mais curtos de três, dez ou vinte e um dias. A água é o melhor amigo do homem em jejum, porque a verdadeira fome desaparece quando você jejua com água, e a fraqueza conduz a Deus. Por outro lado, os jejuns com sucos e o jejum dee Daniel continuam a manter viva a fome. A água a mata por uma temporada.

O benefício de um jejum parcial (e não o de jejum com água) é que você pode desfrutar do prazer e da recompensa do jejum e ainda ter força para trabalhar e continuar com o jejum e com atividades normais. Sempre achei útil jejuar com outro irmão, pois "Dois são melhores que um. . . porque, se caírem, alguém levantará seu companheiro "(Ecl. 4: 9-10).

Tenha objetivos de oração claros para o seu jejum. Esses objetivos devem ter um poder poderoso sobre você. De fato, eles devem ser mais poderosos que a sua fome. Sem uma visão, as pessoas são irrestritas. Não posso conter minha fome sem uma promessa profética mais forte que motive minha alma e domine minha carne. Jó disse: "Apreciei mais as palavras de Sua boca do que o meu alimento necessário" (Jó 23:12).

Separe-se das influências de filmes, televisão, mídias sociais, videogames e fofocas por quarenta dias. Seja homem ou mulher de uma coisa só; desligue-se de tudo, não se envolva com questões secundárias, nem distrações. Você está procurando mover o céu e resistir a demônios.

Participe da comunidade global de jejum on-line em **thejesusfast.com** para devocionais e testemunhos diários para incentivar e agitar seu coração.

Gostaria de encorajá-lo a escrever três ou quatro focos pessoais e proféticos para o seu jejum. Você ficará surpreso no caminho ao olhar pelo retrovisor como essas promessas foram cumpridas.

Se você estiver participando do Jesus Fast global, sugiro orar ao longo dos seguintes pontos focais por acordo:

1. Para que o amor nupcial encha a Igreja (Ap 19: 7)
2. Uma manifestação global do pergaminho evangelístico de Jesus (Lucas 4:18)
3. A unidade do Corpo de Cristo (João 17)
4. O derramamento global da última chuva de avivamento (Joel 2:28)
5. Avanços com sua família e amigos (At 16:31)
6. Trabalhadores da colheita (Mt 9:38)
7. Grupos de pessoas não alcançadas (Mateus 24:14)
8. A salvação de Israel (Rom. 11: 11-15).

A recompensa do jejum

Além de tudo, quando você jejua, não seja como os hipócritas, com um semblante triste. Pois eles desfiguram seus rostos para que pareçam estar em jejum. Certamente, eu lhe digo, eles têm sua recompensa. Mas você, quando jejua, unge a cabeça e lava o rosto, para que não pareça aos homens jejuar, mas ao seu Pai, que está no lugar secreto; e seu Pai, que vê em segredo, o recompensará abertamente. (Mateus 6: 16-18)

Derek Prince escreveu que todo jejum que você fizer com fé e com o coração reto será recompensado. Jesus promete que quando você jejuar em segredo, o Pai o recompensará abertamente. Você pode não ver a recompensa imediatamente, mas a promessa permanece. Estou vivendo nas recompensas abertas dos jejuns que fiz trinta anos atrás. Muitas pessoas perguntam: "Deveríamos dizer às pessoas que estamos jejuando, pois as Escrituras dizem que devemos jejuar em segredo?" No contexto de Mateus 5-7, Jesus não está falando com as obras externas dos discípulos, mas com suas motivações internas. . Ele não está dizendo que você não deve dizer às pessoas que está jejuando. Ele está no centro das suas motivações—por que você está jejuando.

Quando você está em jejum, é certo quando você vai à casa de alguém dizer que está em jejum, caso contrário, eles lhe oferecerão comida e ficarão ofendidos porque você não deseja. É bondade. Muitas pessoas usam essa escritura como desculpa para não jejuar, por medo de que alguém possa saber. Esse não é o coração de Deus. Não agradaria a Deus que tantas pessoas estivessem jejuando que se tornasse normal dizer: "Estou jejuando hoje".? Então todos dirão: "Ótimo! Então eu vou comer sua comida!"

O que é surpreendente nessa passagem também é que Jesus usa as palavras "quando você jejua" de duas maneiras diferentes. No primeiro, "você" é singular, falando de quando você jejua individualmente. No segundo, "você" é plural, falando de quando você, como povo, jejua corporativamente. Jesus esperava que seus discípulos jejuassem individualmente em segredo e corporativamente como uma companhia. Tão rápido é público! Existe um grande precedente espiritual e uma recompensa prometida tanto para o jejum individual quanto para o corporativo. Eu me pergunto qual será a recompensa quando a Igreja se unir em todo o mundo no jejum "quando você" (plural).

Muitos livros sobre jejum darão conselhos práticos sobre como jejuar e como quebrar jejuns, sobre os benefícios e perigos do jejum e os diferentes tipos de jejum. Este não é o objetivo deste livro. Este é um livro para mobilização e agitação de fé para avanços pessoais e mundiais. Este é um livro que nos convida a experimentar a glória e o amor de Deus.

Este é um livro de sonhos e, se assim posso dizer, os sonhos de Deus, sonhos de um novo mundo onde Satanás é derrubado, onde o Reino vem, onde o evangelismo é fácil e onde gritos de alegria enchem as ruas porque o Espírito de o Senhor veio curar todas as doenças e enfermidades. Este é um livro sobre o Jejum de Jesus que abrirá os céus e precipitará a chuva mais tardia. Vamos todos subir ao monte do Senhor! Deixe a terra subir no Jesus Fast global.

Por favor, visite **www.thejesusfast.global** para receber recursos práticos para ajudá-lo em sua jornada de jejum.

No momento em que estávamos terminando o último capítulo deste livro, esse testemunho chegou até nós:

Boas notícias! Um dos objetivos do meu recente jejum de quarenta dias foi ver minha filha Victoria, de um ano de idade, completamente curada de arritmia e taquicardia. Hoje, recebemos a notícia de que seu pequeno coração está funcionando perfeitamente. Não há necessidade de mais remédios ou qualquer outra coisa! Estou tão agradecido que meu coração pode explodir!

OUTROS LIVROS DE LOU ENGLE

A House That Contends by Lou Engle and Sam Cerny
A Moment to Confront by Lou Engle and Sam Cerny
Digging the Wells of Revival by Lou Engle and Tommy Tenney
Elijah's Revolution: Power, Passion and Commitment to Radical Change by Jim W. Goll, Lou Engle and Che H. Ahn
Fast Forward: A Call to Millennial Prayer Revolution by Lou Engle and Catherine Paine
Nazirite DNA by Lou Engle
Pray! Ekballo! by Lou Engle
The Call of the Elijah Revolution by James W. Goll and Lou Engle
The Call Revolution by Lou Engle and Che Ahn
The Jesus Fast: The Call to Awaken the Nations by Lou Engle, Dean Briggs, Bill Johnson and Daniel Kolenda

Printed in Great Britain
by Amazon

78304554R00056